pal praktisch anwendbare Lebenshilfen

MAJA GÜNTHER · DORIS WOLF

Das Geheimnis erfüllter Beziehungen

So gelingt es als Paar, emotionale Abhängigkeiten zu überwinden, respektvoll miteinander zu kommunizieren und eine liebevolle Intimität zu leben

PAL Verlagsgesellschaft mbH
Seit über 35 Jahren der Verlag für praktisch anwendbare Lebenshilfen aus der Hand erfahrener Psychotherapeut:innen und Coaches.

Bibliografische Information der Deutschen Nationalbibliothek.
Die Deutsche Nationalbibliothek verzeichnet diese Publikation in der Deutschen Nationalbibliografie, abrufbar im Internet über http://dnb.d-nb.de

www.palverlag.de
ISBN 978-3-910253-05-6
1. Auflage 2022

Im gesamten Text werden die Ansprachen weitgehend gegendert. Nur in wenigen Ausnahmen hat der Verlag der besseren Lesbarkeit halber darauf verzichtet.

Redaktion: Lisa Bitzer, Carlo Günther
Lektorat und Korrektorat: Anna Scherer
Covergestaltung und Satzlayout: Karin Etzold
Satz und Druck: Grafik + Druck digital K.P. GmbH, München

Bildnachweis: Cover: Pablo Heimplatz; Innenteil: Icon Frage: Adobe Stock/Gwens graphic studio, Icon Übung: Adobe Stock/Gondex

Inhalt

Vorwort
von Doris Wolf

Liebe, Beziehung und Partnerschaft brauchen Hingabe, Sorgsamkeit und Pflege – ebenso wie Pflanzen oder Bäume –, wenn sie über lange Zeit wachsen sollen.

Die beiden Apfelbäume

Stell dir zwei Apfelbäume vor, die nebeneinanderstehen. Wann können die beiden Apfelbäume am besten gedeihen und Früchte tragen? Beide Bäume bekommen die für ihr Wachstum notwendigen Nährstoffe aus dem Boden und ausreichend Wasser, um wachsen und sich entfalten zu können.

Zwischen den beiden Bäumen gibt es einen genügend großen Abstand, damit sie das Licht der Sonne empfangen können und genügend Luft zirkulieren kann. Gleichzeitig ist der Abstand zwischen ihnen aber auch nicht zu groß, damit sie sich Schutz vor Windböen und Stürmen geben können. Gegenseitig können sie sich vor „feindlichen Angriffen" durch Parasiten, Bakterien und Pilze warnen und schützen. Sie können mit ihren süßen Blüten gemeinsam Bienen anlocken, damit die Blüten befruchtet werden. Je tiefer die Wurzeln in die Erde ragen, umso stärker ist der Stand der Bäume und umso sicherer bekommen sie ihre Nährstoffe.

Der Gärtner gibt ihnen Unterstützung, indem er das Astwerk auslichtet und gegebenenfalls auch vorsorglich etwas gegen Schädlinge unternimmt. Er hat Geduld und Ausdauer und gibt den beiden Bäumen ausreichend Zeit, bis sie die ersten Äpfel tragen. Der Gärtner toleriert, dass die Apfelbäume nicht jedes Jahr gleich viele Früchte tragen. Es wird immer wieder schwache Jahre geben.

Unsere Partnerschaft können wir mit der Partnerschaft der beiden Apfelbäume vergleichen. Unsere Partnerschaft wächst nur auf dem Boden von Achtung, Ehrlichkeit und Vertrauen. Sie benötigt eine ausreichende Menge an Nährstoffen in Form von gegenseitiger Liebe, Nähe und Fürsorge. Beide Menschen in einer Partnerschaft brauchen einen Freiraum, um sich zu entfalten. Wenn wir selbst klammern oder zu viel von uns gefordert wird, erstickt die Liebe. Es geht um die richtige Balance zwischen Nähe und Distanz. Gleichzeitig müssen wir bereit sein, uns gegenseitig Schutz und Unterstützung zu geben, wann immer wir durch Krankheit oder schwierige Lebenssituationen bedroht sind. Unsere Partnerschaft benötigt Geduld, um sich zu entwickeln. Ein tiefes Liebesgefühl entwickelt sich erst mit der Zeit.

Wenn wir gemeinsame Ziele und Lebenseinstellungen haben, dann können wir viel erreichen und aufbauen. Unsere Partnerschaft durchläuft verschiedene Phasen, nicht immer fühlen wir unserem Partner gegenüber gleich viel Nähe und Liebe.

Gemeinsame positive Erfahrungen und durchstandene Krisen festigen die Partnerschaft. Wenn wir unsere Partnerschaft wie zwei wertvolle Apfelbäume in unserem Garten liebevoll und fürsorglich pflegen, werden wir die herrlichsten Früchte ernten und Stürme überstehen können.

Eine erfüllte Partnerschaft zu leben ist niemals eine einfache Unternehmung und schon gar nicht die meiste Zeit von Romantik geprägt. Und doch ist eine erfüllte Partnerschaft möglich – für jeden von uns. Sie schenkt uns Zufriedenheit, Sinn und Lebensfreude.

Deine

Doris Wolf

Einführung

Liebe. Die einen suchen sie, die anderen laufen vor ihr davon. Manche tun für sie alles, andere bemerken es nicht einmal, wenn sie sie gefunden haben. Liebe lässt erblinden oder rosarot sehen, reicht über beide Ohren und geht durch den Magen, rostet nicht und neckt sich. Die meisten Menschen sehnen sich nach Liebe, zumindest im westlichen Teil der Welt. Laut einer aktuellen Umfrage mit 18.000 Personen in 17 Ländern der Welt steht „Liebe" bei den meisten Nationen des Westens auf Platz 1 der erklärten Lebensziele, noch vor Gesundheit, Wohlstand oder beruflichem Erfolg.[1]

Woran liegt es, dass Millionen von Menschen nach der Liebe streben, ihr alles andere unterordnen und doch in Beziehungen nicht glücklich werden? In Deutschland werden fast 40 Prozent aller Ehen wieder geschieden.[2] Auch wenn die Zahlen seit einigen Jahren rückläufig sind (2003 betrug die Rate noch ganze 55 Prozent), bleibt offenbar ein beachtlicher Anteil der Paare nicht zusammen.

Warum ist das so? Weshalb ist es allem Anschein nach leichter, die Liebe zu finden, als sie zu halten? Passen Liebe und langjährige Beziehungen überhaupt zusammen? Und gibt es ein Geheimnis, das zwei Menschen auch nach der ersten Verliebtheitsphase Paar bleiben lässt?

Darum geht es in diesem kleinen Ratgeberbuch. Es will dich dazu anregen, über deine Partnerschaft nachzudenken, mögliche Bruchstellen zu erkennen, die Herausforderungen anzunehmen und innerlich aufzubrechen – am besten gemeinsam mit deiner Partnerin oder deinem Partner.

Haben glückliche Paare ein Erfolgsrezept? Eindeutig ja. Es ist ihr Umgang mit den Erwartungen und Einstellungen gegenüber ihrer Partnerin oder ihrem Partner. Wenn wir erst einmal die Traumpartnerin oder den Traumpartner gefunden haben – so glauben viele –, dann laufe alles wie von selbst. Nichts ist jedoch weiter entfernt von der Wirklichkeit und vom Alltag einer Paarbeziehung als diese Überzeugung. Zum einen gibt es nicht *die* (eine) Traumpartnerin oder *den* (einen) Traumpartner, mit der oder dem wir glücklich bis zum Ende unserer Tage zusammenleben. Zum anderen tragen wir selbst einen großen Teil zum Gelingen oder Misslingen unserer Partnerschaft bei. Dabei geht es vor allem auch darum, was wir von einer Partnerschaft bzw. dem Menschen, mit dem wir diese beginnen, nicht erwarten sollten.

1 Warum wir überhaupt in Beziehungen leben

Es könnte alles so einfach sein: Zwei Menschen begegnen und verlieben sich, beschließen, eine Partnerschaft einzugehen, es entwickelt sich ein intensives Gefühl der Wertschätzung und Verbundenheit und sie bleiben zusammen, bis dass der Tod sie scheidet.

Klingt gut. Nur leider hat das Leben einige Irrungen und Wirrungen parat, die sich dem perfekten Paarglück in den Weg stellen. Da wären zum Beispiel Kinder, die die Harmonie aus dem Gleichgewicht bringen können. Auch Krankheiten, Jobwechsel oder neue Lebensphasen haben das Potenzial, eine Beziehung gehörig durchzuschütteln. Die größte Herausforderung liegt für die meisten Paare jedoch im Alltag selbst. Es ist offenbar kein Leichtes, die Liebe zwischen unausgeräumten Spülmaschinen und herumliegenden Socken nicht aus den Augen zu verlieren.

Warum ist das so? Weshalb fällt es uns so schwer, die Bedingungslosigkeit des Anfangs aufrechtzuerhalten? Wieso kommt es zu Affären und Seitensprüngen, fehlendem Freiraum und Eifersucht, wo doch zu Beginn der Partnerschaft alles nach Friede, Freude, Eierkuchen aussah? Und überhaupt: Warum sollten wir uns das Konstrukt Langzeitbeziehung überhaupt antun, wenn es doch allem Anschein nach auch andere Wege gibt, das Leben nicht allein zu verbringen?

Wie sich Paarbeziehungen im Laufe der Zeit verändert haben

Um Antworten auf diese Fragen zu finden, begeben wir uns auf eine kurze kulturgeschichtliche Reise durch die Geschichte der zwischenmenschlichen Beziehung. Denn Menschen leben schon seit ihrer Entstehung in Beziehungen – wenn auch nicht in der Form, die wir heute kennen.

Aber von vorn. Wir sind eines von wenigen Lebewesen des Planeten, das in monogamen Partnerschaften lebt. Den meisten Kreaturen dieser Welt dient eine Verpartnerung vor allem der Arterhaltung. Bei Braunrückentamarinen, Blaumeisen, Rotfüchsen, Paar-Maskenfalterfischen, Höckerschwänen und einigen anderen Tieren ist das anders: Sie suchen sich eine Partnerin oder einen Partner aus, mit der oder dem sie eine lebenslange, exklusive Bindung eingehen.[3]

Dabei mag aufgefallen sein, dass wir Menschen in dieser Aufzählung nicht genannt wurden. Tatsächlich sind wir von unseren Anlagen her nämlich gar nicht monogam. Die Wissenschaft geht davon aus, dass unsere Vorfahren aus der Steinzeit in polygamen Beziehungen, also mit mehreren anderen zusammen, l(i)ebten.[4] Der Aspekt der Reproduktion war einfach zu wichtig, als dass man sich mit Exklusivität oder Beziehungsproblemen hätte herumschlagen können.

Die Wahl der Partnerinnen war jedoch nicht nur den Männern vorbehalten. Die Populärkultur erzählt gern die Geschichte des Steinzeitmannes, der nach erfolgreicher Jagd zurück in die Höhle kam und eines der Weibchen für sich eroberte. Forscherinnen und Forscher fanden jedoch heraus, dass Frauen gegen Ende der Steinzeit nicht in der Höhle saßen, das Feuer und die Kinder hüteten und darauf warteten, „erwählt“ zu werden.[5] Sie nahmen vielmehr an der

Jagd Teil und begaben sich auf Wanderschaft, um passende Partner für sich zu finden. Aus Knochenfunden lässt sich schließen, dass gegen Ende der Steinzeit in nahezu jeder Sippe eine Frau lebte, die nicht von dort stammte, sondern zugezogen war.[6] Damit brachte sie nicht nur neues Erbmaterial mit, sondern auch Bräuche und Fertigkeiten, die dem neuen Stamm fremd waren.

Beziehungen der Steinzeit waren vor allem von der Weitergabe der eigenen Gene und der gemeinsamen Aufzucht der Kinder geprägt. Das blieb für eine sehr lange Zeit so. Erst mit dem Ende der Eiszeit fing der Mensch an, Ackerbau zu betreiben. Er wurde sesshaft – und damit begann der Kampf um Besitz. Wer sich niederließ, hatte Zugriff auf Ressourcen, aber nur, wenn er diese verteidigte und für sich beanspruchte. Auch die Erbfolge wurde plötzlich zum Thema: Wer bekommt all das Ackerland und das Vieh nach dem Tod? Zum ersten Mal in der Geschichte des Menschen wurde es wichtig zu wissen: Sind das meine Kinder, denen ich all meinen Besitz vermache? Oder sind es die meines Nachbarn, mit dem ich mich schon seit Jahren um das Feld hinten links prügele? Zum ersten Mal wurden Beziehungen tatsächlich monogam – wenn auch aus sehr pragmatischen Gründen.

Auch in der Antike und im Mittelalter gingen Menschen hauptsächlich Partnerschaften ein, um den eigenen Stammbaum zu erweitern und die Blutlinie fortzuführen. Von Liebe sprach damals noch kein Mensch: Ein potenzieller Ehemann sollte vor allem wohlhabend sein, eine potenzielle Ehefrau fruchtbar. Erst im 18. Jahrhundert änderte sich unser Verständnis von Beziehungen und damit auch von der Liebe grundlegend. Aus Großfamilien wurden Kleinfamilien, und Vater, Mutter und Kind(er) mussten allein, ohne die Unterstützung der Sippe, zurechtkommen.

Die Industrialisierung gilt heute als eine Zäsur in der Entwicklung der Menschheit, und zwar nicht nur, weil sich die Arbeit und damit die Gesellschaft grundlegend veränderten – auch Beziehungen waren davon betroffen. Immer mehr Menschen zogen in schnell wachsende Städte, verließen ihre Verwandten und die Gemeinschaft, in der sie aufgewachsen waren, um Arbeit zu finden. Wer eine eigene Familie gründen wollte, musste sehr reich sein, um sich ein Kindermädchen leisten zu können – oder die Frau, die in der Vergangenheit selbst erwerbstätig gewesen war, blieb zu Hause, um sich um Kinder und Haushalt zu kümmern. Das Konzept der Hausfrau war geboren. Frauen, die bislang durchaus einem eigenen Erwerb nachgegangen waren, fanden sich plötzlich in einer existenziellen Abhängigkeit vom Mann wieder.

Es ist kein Zufall, dass zur selben Zeit, als die Industrialisierung Einzug hielt, auch die ersten romantischen Strömungen in Kunst, Literatur und Musik aufkamen. Die Romantik stellte sich mit einer Betonung des Gefühlvollen, des Leidenschaftlichen, des Abenteuers bewusst gegen das „Nützlichkeitsdenken" und die Ratio der Wirtschaft, die Arbeiter ausbeutete und Massenarmut in Kauf nahm, um die Produktivität zu erhöhen. Das unterdrückte Proletariat entwickelte Sehnsucht nach einer Traumwelt, um aus dem realen Elend zu entfliehen.

In ebenjener Traumwelt entdeckte die westliche Gesellschaft die Liebe zwischen Mann und Frau und veränderte unser Verständnis von Beziehungen damit grundlegend. Unzählige Werke der Romantik und alle folgenden Epochen bis heute proklamieren seitdem das Ideal der großen Liebe. Kaum ein Film oder Roman kommt ohne die Prämisse aus, dass es zwei Menschen gibt, die füreinander bestimmt sind. In unzähligen Liedern werden der oder die „Eine" besungen, ein gebrochenes Herz verarbeitet oder der unerreichbare Schwarm angeschmachtet.[7] Ganze Industriezweige haben sich mittlerweile darauf spezialisiert, uns beim Suchen und Finden des Seelenverwandten unter die Arme zu greifen. Beziehungen dienen nicht mehr dem eigenen Überleben, dem Fortbestand der Blutlinie oder der wirtschaftlichen Sicherheit: Sie sind Statussymbol geworden, aber auch erklärtes Lebensziel (man denke nur an den „schönsten Tag im Leben", die Hochzeit). Die Partnerin oder der Partner ist heute nicht nur ein Mensch, mit dem man sein Leben und eventuell auch ein Doppelbett teilt; er ist vielmehr Ergänzung oder Vervollständigung des eigenen Selbst. Und genau hier fangen die Probleme an. Es ist nämlich gar nicht so leicht, im unendlichen Universum der Möglichkeiten auf dem richtigen Planeten zu landen.

Einigen scheint es aber zu gelingen, sich auf den Einen oder die Eine festzulegen. Denn nachdem die Ehe in den 1980er- und 1990er-Jahren eher verpönt war, erlebt sie seit dem neuen Jahrtausend einen Aufschwung. Gleichzeitig bringen soziale Medien, Dating-Apps und die scheinbar endlose Verfügbarkeit von potenziellen Partnerinnen und Partnern Unverbindlichkeit und Fragilität in Beziehungen, was dazu führt, dass immer mehr Menschen als Singles oder, wie sie von Paartherapeutinnen und -therapeuten genannt werden, „Suchende" ihr Leben bestreiten. Der Nachschub an möglichen Seelenverwandten scheint unendlich, sodass es vielen Menschen offenbar leichter fällt, eine komplizierte, eingeschlafene oder nicht mehr freudvolle Beziehung zu beenden und sich einer neuen Liebe zuzuwenden – wohl wissend, dass in ein paar Monaten oder Jahren ein weiterer Wechsel stattfinden wird.

Vom Märchen der einzig wahren Liebe

Aber sollte das nicht ein Beziehungsratgeber sein, der zeigt, wie eine möglichst glückliche, lang anhaltende, wertschätzende Beziehung geführt werden kann? Wieso geht es dann die ganze Zeit darum, dass wir Menschen im Grunde unseres Wesens polygam sind? Und „die einzige wahre Liebe" eine Erfindung der Romantiker und Hollywoods ist? Wieso sollten wir uns Mühe geben, bei einer Partnerin zu bleiben, die seit Jahren meinen Geburtstag vergisst? Oder bei einem Partner, der ständig herummeckert und mir keine ruhige Minute gönnt?

Die Wahrheit ist: Niemand zwingt uns heute in unserer westlichen Welt noch zur monogamen Partnerschaft. Wir können jederzeit gehen, die Tür in ein neues Leben steht offen, und im Meer schwimmen viele Fische, die auf einen dicken Fang wie uns nur gewartet haben. Natürlich gibt es ein Aber.
Denn wir bekommen eben nicht alles im Leben umsonst. Ein tiefgreifendes Verständnis füreinander. Das Gefühl, vom Gegenüber bis in die letzte Schicht des eigenen Seins verstanden zu werden. Gemeinsame Geschichte, Erlebnisse und Erfahrungen, die zusammenschweißen. Und nicht zuletzt: aufrichtige, ehrliche, selbstlose Liebe.

Die finden wir nicht an jeder Ecke, und sie stellt sich auch nicht von selbst ein. Liebe wächst, gedeiht und entwickelt sich ständig weiter. Sie braucht Zuneigung, Nachsicht und Verantwortung, wenn sie über einen Lebensabschnitt, einen aufregenden Moment oder eine kurze Episode hinweg halten, wenn sie auch in Krisen, an Regentagen und im Auge des Sturms Halt und Stabilität geben soll.

Es liegt auf der Hand, dass es all das nicht umsonst gibt. Diese Form der exklusiven, innigen, verbundenen Liebe hat einen Preis – und genau an dem Punkt wird es in der Regel kompliziert, da nur einige Menschen wirklich bereit sind, viel und nachhaltig in eine Paarbeziehung zu investieren. Bloß: Wie schafft man das in der heutigen Zeit? Zusammenbleiben, wenn sich viele trennen? Was schmiedet Paare zusammen? Und was ist das Geheimnis glücklicher Paare?

2 Von Kopf bis Fuß auf Liebe eingestellt

Es ist noch gar nicht so lange her, da mussten sich Männer und Frauen keine Gedanken darüber machen, wo und wie sie die Partnerin oder einen Partner fürs Leben finden könnten. Meistens war ihre Verbindung schon seit dem Kindesalter festgelegt, von Eltern, die ebenfalls durch eine Verkupplung zusammengekommen waren. In vielen Werken der Literatur oder des Theaters werden die Geschichten all jener erzählt, die sich diesen oft politischen oder wirtschaftlichen, fast immer jedoch profitablen Beziehungen widersetzten und sich für die „wahre" Liebe entschieden.

Wie die Digitalisierung unsere Partnersuche beeinflusst

Heute hingegen scheint es fast ein Ding der Unmöglichkeit zu sein, auf eigene Faust eine geeignete Person kennenzulernen, mit der man sich die Zukunft vorstellen kann. In einer zunehmend fragmentierten und individualisierten Welt ist es schwer geworden, einem paarungswilligen Single an der Käsetheke oder am Arbeitsplatz zu begegnen – allein durch die Pandemie, die flächendeckend Supermarkt-Lieferdienste und Home-Office als Normalzustand mit sich gebracht hat, fallen romantische Begegnungen über dem Einkaufswagen oder im Kopierraum quasi von allein weg. Und überhaupt: Was will mein Gegenüber? Ist er oder sie auf der Suche? Sucht er oder sie gerade mich? Flirten will gelernt sein. Vermutlich ein Grund, warum sich immer mehr Paare über Freunde, Dating-Apps oder das Internet kennenlernen.[8] Erst dann folgen Bars, Discos oder der Arbeitsplatz.

Auch nach der ersten Kontaktaufnahme haben uns Smartphone und Internet viele Freiheiten beschert, die es früher nicht gab. So ist es Suchenden möglich, unkompliziert in Kontakt zu treten und jede Person zu daten, die sie interessant finden – sofern diese das auch möchte.

Doch so wunderbar und bereichernd die Freiheiten sind, die die Digitalisierung mit sich bringt, so unfrei machen uns die unendlich vielen Wahlmöglichkeiten auch. Wir sind nicht mehr gezwungen, uns auf den Einen oder die Eine festzulegen – es gibt ausreichend Lebens- und Beziehungsmodelle sowie weitere Kandidaten da draußen, die vielleicht sogar noch ein bisschen besser zu uns passen. Die digitale Datingwelt gaukelt uns vor, dass hinter dem nächsten Wisch das große Los wartet. Zudem scheinen feste, monogame Beziehungen immer weniger „in" zu sein, da sie häufig nicht mit unseren individuellen Lebensentwürfen korrespondieren. Denn das ist hoffentlich jedem klar, der sich auf die Suche macht: Teil einer Beziehung zu sein heißt auch, einige persönliche Freiheiten aufzugeben.

Wer sich beispielsweise früh im Leben bindet, führt zumindest temporär oft eine Fernbeziehung und muss nach der Ausbildung Kompromisse bei der Wahl des Wohnorts oder des Jobs eingehen, wenn er die Beziehung aufrechterhalten will. In den Dreißigern und Vierzigern, wenn die Partnerschaft möglicherweise durch Kinder ergänzt wird, ist es mit der persönlichen Freiheit sowieso nicht weit her. Und später, in den Fünfzigern und Sechzigern, wünscht sich der ein oder andere noch einmal einen Neuanfang in einer anderen Stadt, einen Jobwechsel oder die Realisierung eines anderen Lebenstraums – doch da gibt es ja noch die Partnerin oder den Partner, die oder der bevorstehenden Veränderungen gar nicht so aufgeschlossen gegenübersteht.

Obwohl wir wissen, dass eine Beziehung nicht ein Leben lang das Potenzial hat, uns auf Wolke sieben zu katapultieren und dort zu halten, obwohl wir wissen, dass wir individuelle Freiheit zugunsten von Intimität und Vertrautheit aufgeben, ist der Wunsch nach einer solchen Partnerschaft in den meisten Menschen nach wie vor vorhanden. Selbst schmerzhafte Trennungen, schlechte Erfahrungen, bitterböse Rosenkriege und Scheidungen halten uns nicht davon ab, denselben Lebensentwurf mit einem neuen Menschen an unserer Seite zu wiederholen.

Warum auch die große Liebe meist klein anfängt

Auf Albert Einstein geht das Zitat zurück: „Die Definition von Wahnsinn ist, immer wieder das Gleiche zu tun und andere Ergebnisse zu erwarten.“ Sind wir also alle wahnsinnig, weil wir es nach dem ersten gebrochenen Herzen, den enttäuschten Hoffnungen und der Erkenntnis, dass wir wieder allein sind, noch einmal versuchen wollen? Sind wir überzeugte Wiederholungstäter – oder unbelehrbare Irre?

Die Sache ist kompliziert. Die Geschichte der großen Liebe haben wir nämlich schon so oft von klein auf gehört, dass sie in unser Grundverständnis der Welt eingesickert ist. Zudem hat die Natur einen sehr praktischen Mechanismus in unseren Gehirnen eingebaut, der uns hilft, in der Welt klarzukommen: Verdrängung. Ohne die würden wir, nachdem wir einmal auf die heiße Herdplatte gefasst haben, vermutlich nie wieder in die Nähe eines Kochtopfes kommen – geschweige denn einer potenziellen neuen Partnerin oder eines neuen Partners infolge eines gebrochenen Herzens.

Außerdem erinnern sich die meisten von uns in schillerndsten Farben an die positiven Gefühle, die der letzte Mensch in unserem Leben in uns ausgelöst hat. Die weichen Knie, das Flattern in der Brust, die sich pausenlos um die neue Liebe drehenden Gedanken ...

Es heißt nicht umsonst „der Rausch der Liebe“! Und es gibt nur wenige Zustände, in denen unser Körper derart verrücktspielt wie in einem Fall des akuten Verliebtseins. Der Himmel ist voller Geigen, man schwebt auf Wolken, die Welt ist ein wunderbarer Ort.

Wie kommt's? Möglich machen das Hormone, die vom Gehirn in großzügigen Dosen ausgeschüttet werden: Pheromone, Adrenalin, Oxytocin, Vasopressin, Dopamin, Serotonin, Testosteron.[9] Keine Droge kann mit dem Gefühl des Verliebtseins auch nur ansatzweise mithalten – und hat dabei so wenige Nebenwirkungen. Die Hormone sind nicht nur Auslöser dafür, dass wir uns beflügelt, glücklich und sexy fühlen, sie sind auch verantwortlich dafür, dass wir unsere neue Partnerin oder unseren neuen Partner zum perfekten Gegenüber stilisieren. Wir drücken in dieser *Phase des Verliebtseins* gern nicht nur ein, sondern gleich beide Augen zu – das Gefühl, das der andere in uns auslöst, ist einfach zu schön. Alles, was er oder sie sagt oder macht, empfinden wir als spannend und wertvoll, wir sehen vor allem die Gemeinsamkeiten, nicht die Dinge, die uns trennen[10], möchten alles über unser Gegenüber erfahren, jede freie Sekunde mit ihm verbringen und sind so tolerant wie nie.

Ist das schlecht? Nein, die rosarote Brille ist vielmehr wichtig für den Beginn einer Beziehung. Vor allem aus evolutionärer Sicht, da wir ständig Lust aufeinander haben und so den Fortbestand des Menschen sichern, zumindest theoretisch. Im urzeitlichen Teil unseres Gehirns ist die Empfängnisverhütung offensichtlich noch nicht angekommen.

Die sechs Phasen einer Paarbeziehung

Aber auch aus emotionaler Sicht ist das Verlieben wichtig. Diese Anfangszeit schafft nämlich eine große Verbundenheit, die das Fundament für eine langfristige Beziehung legen kann. Vertrauen entsteht und damit die Möglichkeit, sich zu öffnen und eine starke Bindung zum Gegenüber aufzubauen. In dieser Zeit gewährt man der neuen Partnerin oder dem neuen Partner einen gehörigen Vertrauensvorschuss, um zu zeigen, dass man es ernst meint und die neue Liebe wirklich kennenlernen will.

1. Die Honeymoon-Phase

Die meisten von uns unterliegen dem Irrglauben, dass die Liebe sie einfach überfällt, wenn sie nur dem richtigen Gegenstück begegnen. Sie irren aber nicht nur einmal, sie irren gleich doppelt. Verspüren sie nämlich diese Anziehungskraft, sind sie der Überzeugung, diese Liebe halte ewig an.

Nun ja. Wir wollen keine Spielverderberinnen sein. Aber wenn wir uns von jemandem *derart* angezogen fühlen, dann spielen sowohl wir als auch unser Gegenüber eine Rolle. Der oder die andere sendet ganz bestimmte Signale aus, die wir mehr oder weniger bewusst positiv deuten. Er oder sie erinnert uns zum Beispiel an ein Elternteil oder an einen Menschen, mit dem wir gute Erfahrungen gemacht haben. Geruch, Haarfarbe, Größe, Stimme, Augen, Kleidung, Einstellungen, Intellekt, emotionale Reife – jedes kleinste Merkmal löst in uns Begeisterung aus. Würden wir in diesen Momenten bereits all die Herausforderungen und Probleme sehen, die unweigerlich auf uns zukommen werden, wäre es mit der Menschheit vermutlich nicht allzu weit gekommen.

Paartherapeuten wissen: Häufig sind es die Probleme des Anfangs, die eine Beziehung über kurz oder lang ins Straucheln oder sogar aus dem Gleichgewicht und zum Scheitern bringen. Diese Unstimmigkeiten werden vom verliebten Paar allerdings nicht wahrgenommen – oder schlichtweg negiert. Dabei kann die Wissenschaft laut einer Langzeitstudie aus Kanada[11] mit relativ hoher Sicherheit vorhersagen, ob eine Partnerschaft das Potenzial hat, auch Jahre oder Jahrzehnte zu überdauern, und zwar anhand der Differenzen aus der Anfangszeit: „Wenn sich ein Paar zu Beginn der Beziehung bereits oft streitet und die Partner unglücklich sind, dann konnten die Forscher daraus schließen, dass die Beziehung nicht lange halten wird."[12]

Besser als in der Honeymoon-Phase wird es oft nicht, das Leben hält nämlich einige Herausforderungen für das neue Paar bereit. Jedem Anfang wohnt ein Zauber inne? Unbedingt, aber mindestens genauso wahr ist der Satz: Wehret den Anfängen. Wenn es zu Beginn schon kompliziert und schwierig ist, kann man sich auf eine turbulente, anstrengende und wahrscheinlich nicht ewig haltende Beziehung einstellen.

2. Die Phase der Ernüchterung

Denn das ist ja erst der Anfang, in dem wir alles glorifizieren und idealisieren.

Nach der ersten Phase der Verliebtheit, die im Schnitt zwischen drei und zwölf Monaten dauert [13], beginnen wir jedoch, an der Partnerin oder dem Partner Schwächen und Fehler wahrzunehmen. Wir erkennen Eigenschaften und Verhaltensweisen, die wir nicht mögen oder mit denen wir uns schwertun, weil sie unseren Überzeugungen widersprechen – etwa was die Bindungsfähigkeit, den Wunsch nach gemeinsam verbrachter Zeit, die Beziehung zu Freunden und Familie und so weiter angeht. In dieser *Phase der Ernüchterung* (die vollkommen normal ist und an der auch niemand vorbeikommt) können unsere Liebesgefühle durch Ärger, Enttäuschung und Unzufriedenheit überlagert werden. Der Hormonrausch nimmt ab, die rosarote Brille klart langsam auf und wir fangen an, unsere Partnerin oder unseren Partner zum ersten Mal mit nüchternem Blick zu betrachten. Und das kann zuweilen ziemlich desillusionierend, frustrierend und entmutigend sein.

3. Die Phase des Kampfes

Manche versuchen in der folgenden *Phase des Kampfes*, das Gegenüber „umzukrempeln" und so zu formen, dass er oder sie den eigenen Vorstellungen entspricht. Dabei legen sie ganz selbstverständlich ihre Werte und Überzeugungen zugrunde und ignorieren oder missachten, dass andere Menschen – sogar die eigene Partnerin oder der eigene Partner – möglicherweise andere Werte vertreten. Durch das Mäkeln und Kritisieren kann jedoch der Eindruck entstehen, dass wir unsere Partnerin oder unseren Partner nicht mehr lieben und respektieren. Und wer sich nicht verändern lassen will, rebelliert dagegen. Manchmal wandeln sich Partnerinnen oder Partner auch äußerlich, entwickeln innerlich jedoch einen Groll gegen uns. Akzeptieren wir hingegen die Marotten, Macken und merkwürdigen Angewohnheiten des Menschen, mit dem wir eine Beziehung führen, fühlt er sich geliebt, respektiert und ist voller Vertrauen.

4. Die Phase der Resignation

Es wird vermutlich niemanden überraschen, dass viele Beziehungen genau hier ihr Ende finden. Die Paare schaffen es nicht, aus Verliebtheit Liebe, aus dem biochemischen Hoch also ein solides Fundament des Vertrauens, der Intimität und des gegenseitigen Respekts entstehen zu lassen und aus der Phase des Kampfes in die wenig charmant klingende *Phase der Resignation* überzugehen. Möglicherweise auch, weil die meisten Menschen davon ausgehen, dass die Liebe wie von Zauberhand beginnt, also von selbst geschieht oder so, als würde man einen Lichtschalter betätigen. Klappt das nicht (von allein), kann etwas nicht stimmen – und wird es kompliziert oder herausfordernd, ist es doch sowieso zum Scheitern verurteilt, oder?

Tja. Alle, die schon einmal eine mehrjährige Beziehung geführt haben, wissen, dass der Übergang von Verliebtsein zu Liebe harte Arbeit, aber notwendig ist, wenn die Partnerschaft von Bestand sein soll. Beide müssen gewillt sein, sich darauf einzulassen. Eine feste Beziehung schenkt Sicherheit, Geborgenheit, Zugehörigkeit und das wunderbare Gefühl, geliebt zu werden. Doch sie schränkt uns auch ein. Weil wir nun nicht mehr nur für uns selbst verantwortlich sind, sondern die Wünsche und Bedürfnisse einer zweiten Person in unserer Lebensplanung und Alltagsgestaltung Platz finden müssen. Diese Kompromisse fühlen sich manchmal wie ein Verlust an, weshalb einige aus ihren Beziehungen nach ein bis zwei Jahren ausbrechen und ihr Glück bei einer neuen Person suchen, mit der sie (wenig überraschend) nur wenig später an einem ähnlichen Punkt ankommen.

5. Die Phase der Wiederannäherung

Leider haben viele Menschen nicht gelernt, wie man konstruktiv Kompromisse eingeht, und zwar so, dass alle Beteiligten davon profitieren, aber auch Abstriche machen dürfen. In der eben erwähnten Phase der Resignation sind Zweifel an der Beziehung und Überlegungen, ob das Leben allein nicht vielleicht doch einfacher wäre, nicht selten. Oft finden die Streitigkeiten kein Ende, oder aber die Paare sprechen gar nicht mehr miteinander. Jeder geht seiner Wege, man lebt nebeneinanderher – es sei denn, beide kommen gemeinsam zu dem Schluss: Du bist auch nur ein Mensch. Es klingt verrückt, aber vielen wird erst in diesen Momenten klar, dass sie mit keiner Heiligen und keinem Superhelden zusammen sind, sondern mit einem unperfekten, menschlichen Gegenüber.

Genau diese mehr oder weniger überraschende Einsicht läutet die *Phase der Wiederannäherung* ein: Sofern sich beide an der Beziehung beteiligten Personen auf die Erkenntnis einlassen, dass sie im Grunde ja dasselbe wollen, aber vielleicht andere Wege finden, um dorthin zu kommen. Möglicherweise gibt es sogar Geistesblitze und die Partner verstehen, dass der oder die andere eine Bereicherung des eigenen, manchmal eingefahrenen Lebensentwurfs sein kann, eben *weil* er oder sie anders ist und nicht dieselben Erwartungen hegt. Erst in dieser Phase, wenn die Hormone zur Ruhe gekommen sind, die Ernüchterung verdaut wurde, die Streitäxte begraben und die Enttäuschung akzeptiert wurde, erst dann beginnt das, was Forscher „echte“ Liebe nennen. Sie fußt auf einem tiefgreifenden Verständnis des anderen und seiner

Bedürfnisse, einem gemeinsamen Willen, das Leben miteinander zu teilen, und der Fähigkeit, in harmonischem Einklang zu leben.

6. Die Phase der Liebe

In der *Phase der Liebe* akzeptieren wir die Partnerin oder den Partner so, wie sie oder er ist, möglicherweise gelingt es uns sogar, die Schwächen und Fehler der anderen Person nicht nur hinzunehmen, sondern als Teil der anderen Persönlichkeit zu lieben und ihnen etwas Positives abzugewinnen. Wir fühlen uns dankbar, weil wir ein emotionales Zuhause gefunden haben, führen unsere Konflikte konstruktiv und nachsichtig und erfreuen uns an den kleinen und großen Unterschieden, die unsere Beziehung gerade so abwechslungsreich und interessant machen.

Der Rucksack unserer Persönlichkeit

Zugegeben: Wäre es wirklich so einfach, wie es die sechs Phasen vermuten lassen, hätten Hunderttausende von Paartherapeutinnen und -therapeuten, Scheidungsanwältinnen und -anwälten sowie diverse Seitensprung-Portale keine Kundschaft, denn alle wären nach dem Happy End so bedingungslos glücklich, wie es uns die unzähligen romantischen Kinofilme und Liebesromane erzählen. Dass es in der Realität anders ist, wissen wir aus eigener leidvoller Erfahrung. Denn lieben und sich lieben lassen ist ein vielschichtiger Prozess, der es notwendig macht, sich dem anderen zu öffnen und auch sich selbst zu reflektieren. Wir neigen dazu, vorhergegangene Partnerschaften auszublenden, frei nach dem Motto: Jetzt wird alles anders, dieses Mal mache ich es „besser"!

Aber unsere Persönlichkeit und unsere Erfahrungen sind ein Rucksack, den wir nicht einfach an der nächsten Ecke abstellen oder ausleeren können – das wäre nicht nur sinnlos, es wäre auch nicht richtig. Erfahrungen können uns wachsen lassen, und unsere Persönlichkeit verrät uns zuverlässig, was wir brauchen, um glücklich zu sein. Wir sollten diesen Rucksack deshalb wie einen Schatz behandeln, der uns Lehrmeister, Ressource und Schutz sein kann. Dafür dürfen wir bereit und in der Lage sein, hineinzuschauen. Im besten Fall lassen wir auch unsere Partnerin oder unseren Partner einen Blick ins Innere werfen und gehen in den Austausch mit ihr oder ihm. Wir stellen Anteile unserer Persönlichkeit zur Diskussion, nehmen in Kauf, kritisiert zu werden, teilen unsere Erfahrungen, zeigen uns verletzlich, lernen aber auch, dass unsere Wahrnehmung nicht die einzig richtige sein muss.

Selbsttest: Meine Erwartungen an die Partnerschaft

Wenn die Verliebtheitsgefühle verflogen sind und der Alltag einkehrt, dann leiden oft Vertrauen, Rücksichtnahme, Zuwendung, Interesse, Toleranz und Respekt. Diese und andere Werte sind jedoch wichtig, wenn die Beziehung auf Dauer gelingen soll und die gegenseitigen Erwartungen und Bedürfnisse erfüllt werden wollen.

Mit diesem Test kannst du deine Partnerschaft genauer betrachten und für dich herausfinden, welche deiner Bedürfnisse und Erwartungen sich innerhalb eurer Beziehung erfüllen und in welchen wichtigen Bereichen der Partnerschaft es Unstimmigkeiten und Enttäuschungen gibt. Es geht bei den Fragen nicht um einzelne Situationen, in denen du dich mal schlecht gefühlt hast, sondern um ein grundsätzliches Gefühl zu dem Menschen, mit dem du zusammen bist. In den anschließenden Auswertungen bekommst du wertvolle Erklärungen und Hilfestellungen an die Hand, um deine momentane Beziehungssituation positiv anzugehen.

Nimm dir ein paar Minuten Zeit und lies dir die folgenden Feststellungen aufmerksam durch. Überlege bei jeder Aussage, ob du dich darin wiedererkennst und mit einem Ja zustimmen kannst, dann kreuze diese an. Vertraue in deinen Antworten auf dein Gefühl und richte dich nicht nach deinem Wunsch nach Harmonie.

Test

Den überwiegenden Teil der Zeit, in der ich mit meiner Partnerin oder meinem Partner zusammen bin, fühle ich mich wohl. ja

Wenn wir uns streiten, dann versöhnen wir uns nach einer bestimmten Zeit wieder. ja

Ich fühle mich von meiner Partnerin oder meinem Partner meist respektiert.

ja

Wir beide bemühen uns, uns mit den Schwächen der oder des anderen zu arrangieren und immer auch ihre oder seine Stärken zu sehen.

ja

Wir können gemeinsam lachen. Manchmal sind wir albern wie kleine Kinder.

ja

Wir haben Ziele, die wir gemeinsam erreichen möchten.

ja

Wenn ich an meine Partnerin oder meinen Partner denke, dann fallen mir positive Eigenschaften von ihr oder ihm ein.

ja

Ich habe Vertrauen in meine Partnerin oder meinen Partner, dass sie oder er mich in Krisen unterstützen wird.

ja

Ich finde unsere Sexualität erfüllend.

ja

Gewöhnlich kann ich mich auf meine Partnerin oder meinen Partner verlassen.

ja

Meine Partnerin oder mein Partner respektiert meist, wenn ich Nein sage.

ja

Meine Partnerin oder mein Partner bemüht sich, mich zu verstehen.

ja

Wir nehmen uns genügend Zeit, um unsere Gedanken und Erlebnisse auszutauschen.

ja

Ich fühle mich wohl, wenn wir etwas zusammen unternehmen.

ja

Wir machen auch Unternehmungen und Erfahrungen allein und das ist in Ordnung für uns.

ja

In grundsätzlichen Fragen sind wir überwiegend einer Meinung.

ja

Unseren Freunden gegenüber bemühen wir uns, nicht schlecht über die andere oder den anderen zu sprechen.

ja

Manchmal überrascht mich meine Partnerin oder mein Partner mit einer neuen Sichtweise oder einem Verhalten, das ich bisher nicht an ihr oder ihm gekannt habe.

______________________________ ja

Meine Partnerin oder mein Partner gibt mir das Gefühl, dass ich wichtig für ihn bin.

______________________________ ja

Sie oder er legt mir gewöhnlich keine Steine in den Weg, wenn ich etwas Neues ausprobieren will.

______________________________ ja

Ich finde meine Partnerin oder meinen Partner immer noch attraktiv.

______________________________ ja

Wenn ich an meine Partnerin oder meinen Partner einen Wunsch richte, der für mich wichtig ist, dann erfüllt sie oder er mir das.

______________________________ ja

Wenn meine Partnerin oder mein Partner mich braucht, bin ich für sie oder ihn da. Das gilt auch umgekehrt, darauf kann ich mich hundertprozentig verlassen.

______________________________ ja

Auswertung

Du hast es geschafft. Zähle nun, wie viele Ja-Antworten du gegeben hast, und wähle daraufhin die dazu passende Auswertung.

0- bis 8-mal Ja: Vieles deutet bei dir darauf hin, dass deine Partnerschaft nicht in Balance ist. Keine Sorge, ihr könnt etwas dagegen tun und lernen, mit eurer Beziehung besser umzugehen, um wieder ein erfülltes Leben zu zweit zu leben. Du und deine Partnerin bzw. dein Partner haben bestimmte Erwartungen, wie eine Partnerschaft aussehen soll und wann die Beziehung erfolgreich ist. Vertrauen, Rücksichtnahme, Entfaltungsfreiheit, Zuwendung und Interesse, Verzeihen, Toleranz, Respekt, Spaß, sexuelle Erfüllung, Treue – das sind Werte, die gewöhnlich für den Erfolg einer Partnerschaft wichtig sind. Du konntest vielen Aussagen im Test nicht zustimmen, deine Erwartungen scheinen eben nicht (mehr) erfüllt zu sein, daher könnten auch ganz grundsätzliche Bedürfnisse von dir nicht erfüllt sein. Nimm diesen Test zum Anlass, mit deiner Partnerin oder deinem Partner über eure unerfüllten

Bedürfnisse zu sprechen. Vielleicht gab es eine Zeit in eurer Partnerschaft, in der die Bilanz für dich und euch besser ausgesehen hat. Dann ist es hilfreich, sich zu überlegen, was damals anders war als heute. Wie könnt ihr euch mehr Zufriedenheit in eurer Beziehung zurückerobern? Was müsstet ihr beide konkret ändern, damit das gelingen kann? Welche Einstellungen müsstet ihr beide verändern?

9- bis 18-mal Ja: Du kannst beruhigt sein, grundsätzlich scheinst du in einer guten Partnerschaft zu leben. Doch es gibt Hinweise darauf, dass nicht alles rundläuft. Keine Sorge, du und deine Partnerin bzw. dein Partner könnt bestimmte Dinge tun, um eure Beziehung in allen Bereichen zu stabilisieren und so ein erfülltes Leben zu zweit zu leben. Eure Paarbeziehung funktioniert in weiten Teilen. Dennoch scheint es ein paar konkrete und grundsätzliche Erwartungen und Bedürfnisse zu geben, die du nicht erfüllt siehst. Nimm auch vermeintlich unwichtige und kleine Irritationen ernst und sprich Sie offen mit deiner Partnerin oder deinem Partner über diese Themen. So vermeidest du, dass sich bei euch beiden innere Blockaden aufbauen, die sich später nur noch mit viel Mühe oder gar nicht mehr abbauen lassen. Hab keine Angst, mit einem Gespräch darüber die Harmonie in der Beziehung zu zerstören. Eine gute Partnerschaft baut auf Offenheit und Wertschätzung auf, die Harmonie ergibt sich daraus – nicht umgekehrt. Wichtig ist, zugewandt mit deiner Partnerin oder deinem Partner zu sprechen und ohne Vorwürfe und Schuldzuweisungen, sondern in der Ich-Form deine wirklichen Bedürfnisse zu äußern. Nehmt euch im Anschluss an das Gespräch bewusst vor, die etwas problematischen Themen gemeinsam und aktiv zu behandeln. Verabredet euch dazu und stellt einen Termin in euren Kalender. So vermeidet ihr es, die Umsetzung eurer gemeinsamen Entscheidungen und Pläne aufzuschieben.

19- bis 23-mal Ja: Kompliment! Du scheinst eine gute und erfüllte Partnerschaft mit einem geliebten Menschen zu führen. Eure Paarbeziehung steht auf einem guten Fundament. Deine Verhaltensweisen gegenüber der Partnerin oder dem Partner, aber auch gegenüber dir selbst liegen in einem Rahmen – auch ein Hinweis auf einen gut funktionierenden Selbstschutz. Mach dir bewusst, wo deine Grenzen liegen, wo du sie überschreiten willst und wo nicht. Das ist ein natürlicher Prozess, der zu einem gesunden Umgang mit sich selbst beitragen kann.

Zutaten für eine funktionierende und lang anhaltende Partnerschaft

In einer funktionierenden, langjährigen Beziehung akzeptieren oder tolerieren sich die Partner nicht bloß, sie kennen vielmehr die Bedürfnisse des anderen und bemühen sich, diese unter Berücksichtigung der eigenen Bedürfnisse zu wahren und zu achten. Denn individuelle Bedürfnisse, etwa nach Sicherheit, Schutz oder Nähe, sind nicht verhandelbar – sie gehören zu uns wie unsere Augenfarbe oder unser Fingerabdruck. Wer beispielsweise viel Freiraum in einer Beziehung braucht, hat diesen vermutlich schon immer gebraucht und reagiert allergisch auf jede Form der Einengung. Die Gründe hierfür können unterschiedlich sein, aber sie haben mit Sicherheit nichts mit der aktuellen Partnerin oder dem aktuellen Partner zu tun. Das ist ein wichtiger Punkt: Die Wünsche, Bedürfnisse und Grenzen einer Person haben selten mit dem Gegenüber zu tun, sondern sind schon viel früher in ihr entstanden. All diese Werte können vielleicht unterdrückt, bekämpft oder ignoriert werden, sie werden jedoch auf die eine oder andere Art einen Weg finden, sich zu zeigen.

Die Herausforderung des Liebens liegt darin, den anderen mit seinem unablegbaren individuellen Rucksack anzunehmen, zu akzeptieren und ihn nicht *trotzdem*, sondern gerade *deshalb* zu lieben. Jede Eigenschaft, Macke oder Angewohnheit, die uns an unserer Partnerin oder unserem Partner stört, kann zu einer wertvollen Ressource umgedeutet werden. Diese Umdeutung ist ein fester Bestandteil der systemischen Paartherapie und lässt sich auf jede Situation anwenden. Wenn ich mich zum Beispiel immer wieder darüber aufrege, dass meine Partnerin oder mein Partner nicht genauso viel mit mir gemeinsam unternehmen möchte, wie ich mit ihm oder ihr, habe ich zwei Möglichkeiten:

1. Ich rege mich weiter auf und stelle das Negative in den Vordergrund – an meiner Situation, meiner Partnerin oder meinem Partner ändert sich jedoch rein gar nichts, ich werde nur noch unzufriedener.

2. Ich verstehe, dass sich das Verhalten meiner Partnerin oder meines Partners nicht gegen mich richtet, sondern ein Bedürfnis nach Unabhängigkeit und Freiheit ausdrückt. Indem ich mich auf das Positive konzentriere und die Sache nicht persönlich nehme, verändere ich an meiner Situation alles.

Mit wohlwollendem, liebendem Blick die eigene Partnerin oder den eigenen Partner zu betrachten, bedeutet nicht, dass wir alles hinnehmen müssen. Aber es ist hilfreich und heilsam, den eigenen Standpunkt von Zeit zu Zeit zu verlassen und eine neue Perspektive einzunehmen. Und es ist viel schöner, liebevoll auf die Beziehung und die Partnerin oder den Partner zu blicken, als ihr oder ihm die Eigenarten anzukreiden. Das klingt unglaublich einfach, ist in Wahrheit aber Schwerstarbeit. Ja, genau: Arbeit. Eine gute Beziehung ist Arbeit! Sie strengt an, fordert, lässt zuweilen verzweifeln, müht, nervt und langweilt. Aber auch nur dann, wenn sich die Partner nicht zu gleichen Teilen auf die Partnerschaft einlassen. Tun sie es, kann etwas Wunderbares entstehen, das über viele Jahre wärmt, nährt, umsorgt und Freude schenkt. Es fällt nicht schwer, einen Katalog mit Bedingungen zu entwerfen, in dem festgelegt wird, was eine „gute“ Beziehung braucht, um lange zu halten und alle Beteiligten glücklich zu machen. Aber erstens ist jede Beziehung einzigartig, zweitens handelt es sich um keine Unternehmung, die mit einem Vertrag geregelt wird, und drittens ist es im Grunde nur eine einzige Erkenntnis, die zu wirklicher Verbindung zwischen zwei Menschen führt: die Tatsache, dass es nicht nur eine einzige Realität gibt.

Wenn zwei Personen eine Farbe wahrnehmen sollen, sieht der eine ein sattes Türkis, während der andere ein leuchtendes Smaragdgrün beschreibt. Das hat zum einen mit unterschiedlichen Zäpfchen und Stäbchen im Augapfel zu tun, aber vor allem mit der Bewertung des Seheindrucks, die in unserem Gehirn stattfindet und von unseren Erfahrungen, unserer Persönlichkeit und unseren Überzeugungen geprägt wird. Was sich aber bereits bei einem einfachen Farbklecks beobachten lässt, tritt erst recht in einer komplexen Beziehung auf: Ein Partner fand den Tonfall herablassend, der andere meinte bloß, einen Witz zu machen. Die Aufregung darüber ist groß, es kommt zur Auseinandersetzung, wieder einmal ist man sich sicher, dass der andere einfach nicht zu einem passt – und schon hat man sich erneut ein Stückchen weiter voneinander entfernt, anstatt den Konflikt zum Anlass zu nehmen, die Unterschiedlichkeit der Partner herauszustellen und die Perspektive des anderen einzunehmen. Die vielleicht bittere, aber dafür umso wahrere Erkenntnis lautet deshalb: Es gibt auf dieser Welt nicht nur eine Wirklichkeit, sondern fast acht Milliarden. Aus diesem Grund sind „Wahrheit" und „Realität" (genau wie „gesunder Menschenverstand") auch sehr schwer zu haben in einer Partnerschaft. Denn was für den einen völlig logisch ist, stellt für den anderen vielleicht totalen Blödsinn dar. Es kommt auf die Perspektive an. Und nur weil einem die eigenen Freundinnen und Freunde recht geben, heißt das nicht, dass die Partnerin oder der Partner diese vermeintliche Wahrheit auch annehmen oder sich ihr unterordnen muss.

Woran Paare häufig scheitern

Nicht selten verlieren sich Paare in Stellvertreterkonflikten, weil sie eigentlich emotionale Unsicherheiten verhandeln und sich der Liebe des anderen nicht wirklich sicher sind. Weil sie vielleicht nicht immer die Zeichen erhalten, die sie sich wünschen, um sich geliebt zu fühlen. Doch nicht alle Menschen zeigen Liebe auf dieselbe Weise, und nicht jeder und jede will Liebe auf dieselbe Art gezeigt bekommen, wie der amerikanische Paar- und Beziehungsberater Gary Chapman bereits vor vielen Jahren in seinem Bestseller „Die fünf Sprachen der Liebe" darlegte.[14] Diese fünf Sprachen sind: Hilfsbereitschaft, Zärtlichkeit, Lob und Anerkennung, Geschenke und Zweisamkeit. Demnach bereitet der eine vielleicht immer Kaffee am Morgen zu, räumt kommentarlos die Spülmaschine aus und repariert die kaputte Stehlampe in der Wohnung. Die andere macht Geschenke, bringt Blumen mit und lädt zum Essen ein. Der nächste überschüttet mit Komplimenten, schreibt eine Liebesbotschaft nach der anderen und sagt jeden Tag die magischen drei Worte. Manche Menschen fühlen sich nur geliebt, wenn ihnen Liebe auf eine bestimmte Art gezeigt wird. Aber wenn das nicht die Art ist, wie das Gegenüber seine Liebe zeigt, kommt es zu Missverständnissen und Verletzungen. Es lohnt sich daher, offen darüber zu sprechen, wie man Liebe empfängt und selbst gern zeigt. Denn nur so können

Partner Verständnis füreinander aufbringen und die Perspektive des anderen einnehmen. Es ist vielleicht anstrengend, einmal im Monat Blumen mitzubringen oder das Lieblingsessen des anderen zu kochen, eine Liebesbotschaft aufzuschreiben oder einen gemeinsamen Abend zu planen. Aber wenn ich weiß, dass sich meine Partnerin oder mein Partner durch diese Geste geliebt fühlt, und zwar mehr, als wenn ich auf meine Art zeige, dass ich ihn oder sie liebe: Ist es die Sache dann nicht wert?

Jeden Tag Ja sagen zur Beziehung

Für viele Menschen ist es ein großer Schritt, sich überhaupt auf eine Beziehung einzulassen. Wenn sie es dann aber doch getan haben, glauben sie, sie hätten alles getan, was notwendig ist. Sie haben schließlich Ja zueinander gesagt. Doch dieses Ja darf jeden Tag erneuert werden, nicht nur dem anderen, sondern auch uns selbst gegenüber. Sich Tag für Tag erneut für die Partnerin oder den Partner zu entscheiden, heißt auch, Energie in das Gelingen und Wachsen der Beziehung zu investieren und sich nicht in anderen Möglichkeiten oder Rückblicken zu verlieren.

Diese Phase der Liebe, in der die Liebe wächst, tiefer wird, aber man die beiden Leben noch nicht fest vereint, kann unterschiedlich lang sein. Manche Paare haben wenig „Gepäck“ dabei, sie gehen in die Vollen, öffnen sich dem anderen leicht und entscheiden vielleicht schon nach kurzer Zeit, ihr Leben miteinander verbringen zu wollen. Bei anderen dauert es länger. Manchmal hat das rein organisatorische Gründe, weil man eine Fernbeziehung führt oder schon Kinder da sind. Und manchmal fällt es einfach schwer, zum anderen vollständig Ja zu sagen, weil wir schlechte Erfahrungen gemacht haben, weil wir verunsichert sind oder meinen, das Gegenüber noch nicht gut genug zu kennen. Es ist egal, ob es kürzer oder länger dauert, bis zwei sich wirklich und tatsächlich aufeinander einlassen und den gemeinsamen Weg festlegen, da jedes Paar für sich entscheidet, wann es den nächsten Schritt gehen möchte, egal auf welcher Ebene. Wenn es dann aber so weit ist und wir uns für ein Leben zu zweit entschieden haben, wartet eine wunderbare Reise auf uns, die viele Überraschungen bereithält.

3 *Das Geheimnis erfüllter Beziehungen*

Was also ist nun das Geheimnis erfüllter Beziehungen? Würde es ein Patentrezept geben, wäre die Sache einfach und dieses Buch überflüssig. Grundsätzlich lässt sich sagen, dass zu einer gelingenden, langlebigen Beziehung zwei Menschen gehören, die

- wissen, was sie von der Partnerschaft erwarten, und dass sie etwas tun müssen, um ihre Liebe dauerhaft zu erhalten.
- aus der Beziehung etwas gewinnen wollen, das bedeutet, den überwiegenden Teil der Zeit besser dastehen als ohne Partnerin oder Partner.
- sich in der Lage fühlen, auch allein zu leben, da sie von ihren Fähigkeiten und ihrem Wert überzeugt sind.
- dazu fähig sind, sich selbst und die Partnerin oder den Partner zu achten. Jeder ist bereit, seine Bedürfnisse offen zu äußern. Die wichtigsten Bedürfnisse werden von beiden geteilt.

- zulassen können, dass die Partnerin oder der Partner Bedürfnisse hat, die er oder sie nicht teilen, aber die dennoch erfüllt werden dürfen.
- den anderen an ihren Gedanken und Gefühlen teilhaben lassen, auch wenn der oder die andere manchmal zunächst traurig oder enttäuscht ist.
- sich bei Konflikten beide darum bemühen, ihre eigene Sicht darzustellen, ohne den anderen schlechtzumachen. Sie suchen nach einem Kompromiss.
- sich bemühen, sich attraktiv zu machen für den anderen und etwas dafür tun, dass es ihm gutgeht.
- über ihre Lebensziele sprechen. Sollten sich die Lebensziele nicht mehr vereinbaren lassen, trennen sie sich, anstatt den anderen verändern zu wollen.
- einander das Recht zugestehen, den anderen auch mal negativ zu sehen und wütend auf ihn sein zu dürfen. Sie sprechen ihre Gefühle aus, ohne den anderen zu verletzen. Sie halten sich an Absprachen, die sie in der Beziehung getroffen haben.
- ihre Beziehung als ein Projekt betrachten, für das sich beide verpflichtet haben. Sie müssen Energie und Zeit investieren und immer wieder überprüfen,

ob beide noch das gleiche Ziel haben. Durch viele äußere Einflüsse kann sich das Projekt verändern. Ein neuer Arbeitsplatz, Kinder, Arbeitslosigkeit, neue Menschen, ein neues Hobby, finanzielle Probleme oder Umzug können uns zwingen, unsere Pläne zu ändern und neue Kompromisse auszuhandeln.

So weit und so einfach! Vielleicht ist diese Liste nicht ganz vollständig, aber sie reicht aus, um viele Jahre erfüllt mit der Partnerin oder dem Partner zusammenleben zu können.

Warum die eigene Persönlichkeitsentwicklung so großen Einfluss auf die Partnerschaft hat

Aber warum funktioniert es dann bei so vielen Paaren nicht? Warum leben sich Paare auseinander? Sie müssten sich doch einfach nur diese Handlungsanweisungen vor Augen führen und wären sofort wieder auf dem richtigen, gemeinsamen Weg. Nun, so einfach läuft es eben meistens nicht, denn unser Leben fordert viel von uns. Wir entwickeln uns an den Erlebnissen, die wir durchleben, und den Erfahrungen, die wir im Laufe der Jahre machen. So sind wir in der Regel mit vierzig Jahren andere Menschen als wir es mit zwanzig waren. Unsere Prioritäten und Vorlieben haben sich geändert, unsere Lebensziele, aber auch unsere Sorgen und unsere Ängste. Deshalb begegnen sich auf einmal ganz andere Menschen als diejenigen, die sich Jahre zuvor ineinander verliebt haben.

Außerdem sitzen viele Menschen unterschiedlichsten Formen von Irrglauben auf, die eine glückliche Beziehung in ihren Augen ausmachen. Zum Beispiel: *Ein glückliches Paar streitet sich nicht.* Streit ist jedoch kein Anzeichen dafür, dass eine Partnerschaft nicht funktioniert. Genauso wie es kein Beweis für eine glückliche Partnerschaft ist, wenn wir überhaupt nicht streiten. Fehlende Auseinandersetzungen können ein Hinweis darauf sein, dass Konflikte unter den Teppich gekehrt werden oder dass einer der Beteiligten bereits innerlich gekündigt hat. Streit zeigt also zunächst nur eine Belastungssituation oder – psychologisch ausgedrückt – eine Störung an. Glückliche Paare lassen sich nicht davon verunsichern, dass es ab und zu Konflikte gibt, in denen es vielleicht auch hoch hergeht. Sie prüfen, ob etwas eine Auseinandersetzung wert ist, formulieren ihre Kritikpunkte angemessen, suchen mit der Partnerin oder dem Partner eine Lösung, kämpfen um ihre Beziehung, können verzeihen und sich nach einem Streit wieder versöhnen.

Ein weiterer, besonders beliebter Irrglaube ist, dass man *die eigene Partnerin oder den Partner verändern kann*. Diese Einstellung beinhaltet, dass wir mit unserer Partnerin oder unserem Partner, so wie sie oder er ist, unzufrieden sind. Die Folge ist, dass wir an ihm oder ihr herumnörgeln und das Gefühl vermitteln, er oder sie sei so nicht in Ordnung und solle sich gefälligst ändern. Da niemand von der Partnerin oder vom Partner umerzogen werden möchte, erfolgt auf die Kritisiererei eine trotzige Verweigerung oder das Ignorieren der Nörgelei. Vielleicht schlägt die Partnerin oder der Partner aber auch mit denselben Waffen zurück und malträtiert uns mit Vorwürfen.

Was glückliche Paare tun

Glückliche Paare lieben die meisten Seiten ihrer Partnerin oder ihres Partners, und mit den Seiten, die ihnen nicht gefallen, arrangieren sie sich. Beide fühlen sich geliebt und akzeptiert, so wie sie sind. Sie wollen ihr Gegenüber nicht nach ihren Vorstellungen umkrempeln. Verstößt allerdings ein Verhalten des anderen vollkommen gegen die grundsätzlichen Wertvorstellungen oder schadet sich die Partnerin oder der Partner selbst mit seinem beziehungsweise ihrem Verhalten, riskieren sie den Konflikt.

Glückliche Paare denken nicht, dass sie *ihre Partnerin oder ihren Partner brauchen*, um das eigene Wohlergehen zu gewährleisten. Unzählige Liebeslieder und Liebesgeschichten erzählen uns, dass uns ein anderer Mensch glücklich machen kann. Wahre Liebe hat aber nichts damit zu tun, einen anderen Menschen zu besitzen, und schon gar nicht hat Liebe etwas damit zu tun, was der andere für uns tun kann. Bei wahrer Liebe geht es um das Geben und nicht um das Nehmen. Wahre Liebe ist selbstlos. Wenn wir nach einer Partnerin oder einem Partner suchen, der oder die uns glücklich macht, weil wir es selbst nicht schaffen, dann werden wir zwangsläufig unglücklich sein. Die Formel „Ich + die oder der andere = Glück“ funktioniert nicht auf Dauer. Warum? Weil unsere Partnerin oder unser Partner damit überfordert ist, unsere fehlende Selbstliebe zu kompensieren.

Glückliche Paare sind glücklich, weil sie so voller Liebe sind, dass sie dem Gegenüber etwas abgeben können. Sie fragen nicht „Was kann der andere für mich tun?“, sondern: „Was kann ich für den anderen tun?“ Sie wälzen die Verantwortung für ihr Glücklichsein nicht auf den anderen ab, sondern sorgen selbst dafür, dass es ihnen gut geht. Sie freuen sich über die Liebe des anderen, aber wissen auch, dass sie ohne diese Liebe leben können. Sie machen ihr Glück nicht von der Partnerin oder dem Partner abhängig.

Eine gute Partnerschaft beginnt bei der Beziehung zu sich selbst

Genauso häufig, wie Menschen zu viel von ihrer Partnerin oder ihrem Partner erwarten (nämlich, dass er oder sie sie glücklich macht), kommt es vor, dass sie sich selbst vollkommen zurückstellen und der Überzeugung sind: *Erst kommt meine Partnerin beziehungsweise mein Partner, dann komme ich.* Wer nach diesem Motto lebt, verkauft sich unter Wert. Wenn wir unsere Bedürfnisse und Wünsche immer hinter denen unserer Partnerin oder unseres Partners zurückstellen, laufen wir Gefahr, leer auszugehen. Außerdem sammeln wir innerlich einen Berg von Enttäuschungen und unerfüllten Wünschen an, die unsere Liebe verblassen lassen und irgendwann zum Absterben bringen können. Glückliche Paare betrachten ihre eigenen und die Bedürfnisse der Partnerin oder des Partners als gleichwertig. Wenn nicht gleichzeitig die Wünsche beider erfüllt werden können, sind sie bereit, zurückzustecken – in dem Vertrauen, dass sie ein anderes Mal zum Zug kommen. Ihre Partnerschaft basiert auf einem gegenseitigen Geben und Nehmen.

Ein weiterer Irrglaube: *Liebe bedeutet, dass mich meine Partnerin oder mein Partner ohne Worte versteht.* Mit unserer Mimik, Gestik und Körperhaltung können wir zwar viel aussagen, das Kunststück besteht jedoch darin, dass es unsere Partnerin oder unser Partner richtig deuten kann. Oftmals sind wir so sehr mit uns selbst beschäftigt, dass wir uns keine Gedanken um den anderen machen. Es geht auch schief, wenn wir uns in unsere Partnerin oder unseren Partner hineinversetzen und seine Gedanken und Gefühle lesen wollen. Unser Gegenüber lebt, auch wenn es uns noch so sehr liebt, in seiner eigenen Gedanken- und Gefühlswelt und wir in unserer – in der wir uns selbst am besten auskennen. Deshalb bleibt uns manchmal nichts anderes übrig, als unsere Wünsche direkt anzusprechen.

Glückliche Paare schätzen es, wenn sich beide gefühlsmäßig so nahe sind, dass sie sich wortlos verstehen. Um sicherzugehen, dass die Botschaft richtig ankommt, sprechen sie aber auch offen über ihre Ansichten und Bedürfnisse. Sie erwarten nicht, dass ihre Partnerin oder ihr Partner die Kunst des Gedankenlesens beherrscht.

Von Gemeinsamkeiten und Freiräumen

Siamesische Zwillinge können nicht anders, als Dinge gemeinsam zu erleben. Doch selbst dann machen sie nicht alles gleich gern. Doch Paare sind keine siamesischen Zwillinge. Deswegen ist der Grundsatz *Nur wenn wir Dinge gemeinsam tun, können wir sie genießen* auch falsch – und gefährlich. Es ist der Weg in eine tiefe und symbiotische Abhängigkeit. Und die kann auf Dauer beiden nur Schaden bringen, weil sie die eigenständige Entwicklung beider behindert. Wenn wir von unserer Partnerin oder unserem Partner verlangen, alles, was wir schätzen und genießen, mitzumachen und ebenfalls zu genießen, überfordern wir ihn oder sie. In der ersten Verliebtheit sind wir zwar begierig, alles mit dem anderen zu teilen, doch mit der Zeit sollten wir uns gegenseitig erlauben, auch mal „Urlaub“ vom anderen zu nehmen und uns wieder als Einzelperson zu erleben. Im Übrigen sprechen wir hier nicht von notwendigen Abhängigkeiten. Materielle oder organisationelle Abhängigkeiten können bestehen, etwa wenn eine oder einer der beiden körperlich behindert ist und die Hilfe der oder des anderen bedarf. Dennoch können diese Menschen sich ihre emotionale Unabhängigkeit und Freiheit erhalten und sie ganz offen vor ihrem Gegenüber leben. Genau das schenkt auch ihm Freiheit und so können sich beide trotz der in diesem Fall körperlichen Abhängigkeit auf Augenhöhe begegnen. Ein Beispiel: Durch unsere Straße läuft jeden Tag ein älteres Paar mit sehr schnellen Schritten. Der Mann führt die Frau ganz dicht neben sich, denn sie ist ganz offensichtlich blind. Eines Tages bin ich um die Ecke gebogen und beinahe mit den beiden zusammengestoßen. Mir rutschte ein erstauntes und vielleicht etwas erschrockenes „Oh!“ heraus und ich fügte schnell dazu: „Sie beide haben ja ein bemerkenswertes Gehtempo.“ „Ja“, antwortete der ältere Herr, „meine Frau liebt das schnelle Spazierengehen und die Natur, sie scheucht mich glücklicherweise jeden Tag durch den ganzen Park. Aber das ist gut so, denn nur so bleibe ich fit und kann sie noch lange begleiten.“ Dabei deutete er verschmitzt lächelnd auf seinen rundlichen Bauch und bekam von ihr einen zärtlichen Kuss auf die Wange. Was diese kleine Geschichte zeigt, ist, dass es zwar eine offensichtliche Abhängigkeit innerhalb der Partnerschaft gibt: Die blinde Frau braucht ihren Mann, um überhaupt spazierengehen zu können. Aber sie behält sich die Freiheit, in ihrem Tempo und so lange zu gehen, wie sie es will. Er lässt sich darauf ein, nicht aus innerer Abhängigkeit, sondern weil er weiß, dass es auch ihm körperlich (und wahrscheinlich auch seelisch) guttut.

Glückliche Paare freuen sich über gemeinsame Aktivitäten, machen daraus aber keine Religion. Sie genießen es, zusammen zu sein, aber auch, etwas getrennt voneinander zu erleben. Wenn sie eigenen Interessen nachgehen, die die Partnerin oder der Partner nicht so prickelnd findet, stärkt das ihre Zufriedenheit und ihr Selbstvertrauen. Danach ist der andere neugierig auf die Erlebnisse, ein wenig Unbekanntes und Neues machen außerdem interessant. Glückliche Paare ermutigen sich deshalb gegenseitig, ihre Interessen weiterzuentwickeln, und klammern nicht aneinander. Sie haben das Vertrauen, dass der oder die andere immer wieder gern zurückkommt.

Wie Paare gegenseitige Enttäuschungen überwinden

Wer denkt, *Meine Partnerin oder mein Partner muss immer ein offenes Ohr und Verständnis für mich haben,* irrt. Denn mit dieser Erwartung machen wir unsere Partnerin oder unseren Partner zu unserem willfährigen Sklaven. Er oder sie muss uns zu Diensten sein, wann immer wir es möchten. Es wäre zwar sehr schön, immer genau das zu bekommen, was wir benötigen, wir übersehen dabei jedoch, dass unser Gegenüber ein Mensch mit eigenen Ansichten und Bedürfnissen ist. Er müsste sich völlig aufgeben, um unsere Erwartungen zu erfüllen – und selbst dann würden er oder sie es nicht schaffen, uns immer zufriedenzustellen.

Glückliche Paare sind dankbar, wenn sie Verständnis, Anteilnahme und Unterstützung von ihrer Partnerin oder ihrem Partner bekommen. Erfüllt die Partnerin oder der Partner diesen Wunsch nicht, weil er es nicht kann oder nicht möchte, sind sie vielleicht auch enttäuscht. Sie bemühen sich dann aber darum, sein oder ihr Verhalten nachzuvollziehen und zu akzeptieren, rufen sich in Erinnerung, dass er oder sie das Recht hat, nach eigenen Wertvorstellungen zu leben, und außerdem ab und zu Fehler macht, wie jeder andere auch.

Insbesondere dann, wenn eine Partnerschaft mit der Liebe auf den ersten Blick begonnen hat, sind wir versucht, daran zu glauben, dass die Liebe nun ewig so weiter bestehen bleiben wird. Wir denken: *Liebe genügt, um die Partnerschaft zu erhalten.* Doch Liebesgefühle benötigen Nahrung, so wie eine Pflanze Licht und Wasser benötigt, um nicht zu verdorren. Wir brauchen uns nicht zu wundern, dass unsere Liebe verblasst oder gar ganz verschwindet, wenn wir nichts tun, um sie am Leben zu erhalten.

Glückliche Paare halten ihre Liebe nicht für selbstverständlich. Sie halten sie für einen Schatz, den man behüten muss. Aufmerksamkeit, kleine Geschenke, Komplimente, Interesse oder Fürsorge sind einige der kleinen Mosaiksteinchen, mit denen sie ihre Liebe auf ein festes Fundament stellen.

Eine Partnerschaft braucht mehr als nur Liebe und Zuneigung

Wenn man sich liebt, hat man die gleichen Bedürfnisse. Keineswegs! Denn das Zusammenspiel von Körper und Seele ist äußerst kompliziert. Selbst die größte Liebe kann nicht die Gesetzmäßigkeiten und Gewohnheiten unseres Körpers außer Kraft setzen. Das Bedürfnis, etwas Bestimmtes zu essen, das Bedürfnis nach Ruhe oder Aktivität, das Bedürfnis nach einem Gespräch, nach Zärtlichkeit oder Sex wird nicht durch die Liebe bestimmt, wenngleich wir und unsere Partnerin beziehungsweise unser Partner manchmal im Gleichklang ticken.

Glückliche Paare genießen die Zeiten, wenn sie ein Herz und eine Seele sind. Wenn die Bedürfnisse mal auseinanderliegen, versuchen sie sich zu arrangieren. Sie lenken den Blick auf die schönen gemeinsamen Momente und die positiven Seiten der Partnerin oder des Partners, um die Enttäuschung richtig einzuordnen.

Viele Menschen tragen Wunden aus der Kindheit mit sich herum. Sie werfen ihren Eltern vor, nicht genügend geliebt oder unterstützt worden zu sein. In ihren Eltern suchen sie die Schuld dafür, dass ihnen Selbstbewusstsein fehlt oder sie nicht so erfolgreich sind, wie sie es sich wünschen. Von ihrer Partnerin oder ihrem Partner erhoffen sie sich, all das zu bekommen, was ihnen bisher entgangen ist: Liebe, Aufmerksamkeit, Bestätigung, Zuversicht. Sie denken: *Wenn ich geliebt werde, dann lösen sich meine Probleme von selbst.*

Glückliche Paare führen eine Partnerschaft, weil sie ihrem Gegenüber etwas zu geben haben. Sie achten und lieben sich selbst und benötigen ihre Partnerin oder ihren Partner nicht unbedingt, um Mängel auszugleichen und Lücken zu schließen.

Was eine gute Partnerschaft wirklich fordert

Ein weiterer Irrglaube lautet: *Ich muss mich anstrengen, allen Erwartungen meiner Partnerin oder meines Partners zu genügen.* Wenn unsere Partnerin oder unser Partner seine beziehungsweise ihre Liebe an Bedingungen knüpft, die wir erfüllen müssen, steht unsere Partnerschaft auf wackligen Beinen. Wir haben dann nur die Möglichkeit, uns aus Angst, die Liebe des anderen zu verlieren, ständig anzustrengen und dabei uns selbst zu verraten. Oder aber wir leben nach unseren Vorstellungen und müssen mit seiner Enttäuschung und Ablehnung klarkommen. Eine Partnerin oder ein Partner darf zwar Wünsche äußern und darf auch Erwartungen an uns haben. Er oder sie hat jedoch kein Anrecht darauf, dass diese von uns erfüllt werden. Wahre Liebe bedeutet nicht, sich aufzugeben, um geliebt zu werden. Glückliche Paare fühlen sich von ihrer Partnerin oder ihrem Partner geliebt und angenommen. Sie müssen sich nicht hinter einer Maske verbergen oder verstellen, dürfen ihre Fehler und Schwächen zeigen. Wenn sie etwas ändern oder sich anstrengen, dann tun sie dies, weil sie es möchten. Sie können frei abwägen, wie weit sie ihrer Partnerin oder ihrem Partner entgegenkommen.

Die meisten von uns haben täglich eine Liste von Pflichten und Aufgaben abzuarbeiten. Wir müssen am Arbeitsplatz Termine einhalten und funktionieren. Haushalt und Kinder benötigen unsere ständige Aufmerksamkeit und Fürsorge. Unser Auto muss in die Werkstatt, im Bad muss eine zersprungene Kachel ersetzt werden. Eltern, Angehörige und Freunde verlangen unsere Aufmerksamkeit. *Und wenn dann irgendwann alles erledigt ist, kümmern wir uns vielleicht mal wieder um unsere Partnerin oder unseren Partner.*

Glückliche Paare wissen um die Kostbarkeit einer harmonischen Partnerschaft. Auf ihrem Terminplan steht die Zeit mit der Partnerin oder dem Partner ganz oben. Statt abzuwarten, ob im Zeitbudget noch ein paar Minuten übrig bleiben, bevor man erschöpft in den Schlaf sinkt, ist für sie die gemeinsame Zeit mit dem anderen ein sehr wichtiger Termin. Sie wollen verstehen, womit sich ihre Partnerin oder ihr Partner gerade befasst, worum sie oder er sich sorgt und wie es ihr oder ihm geht. Sie nehmen sich Zeit, ihrem Gegenüber in schlechten Zeiten ein Lächeln auf die Lippen zu zaubern und es zu ermutigen. Sie wissen, dass eine harmonische Partnerschaft und eine liebende Partnerin oder ein liebender Partner die Tankstellen für innere Zufriedenheit und Gesundheit sind – und zwar für beide.

Wann wir beziehungsfähig sind

Beziehungsfähigkeit bedeutet, dass wir in der Lage sind, mit anderen Menschen Kontakt aufzunehmen und die Beziehung zu ihnen zu halten. Um eine positive Bindung zu anderen aufzubauen, benötigen wir verschiedene Fähigkeiten – wie etwa die,

- andere zu achten,
- anderen Liebe und Fürsorge zu geben,
- ihnen zu vertrauen,
- Verantwortung zu übernehmen,
- Konflikte ertragen und austragen zu können,
- über Gefühle zu sprechen und
- Gefühle zu zeigen.

Darüber hinaus müssen wir in der Lage sein, unsere Bedürfnisse zu äußern und anderen gegenüber auf angemessene Weise Grenzen zu setzen, aber auch auf Kompromisse einzugehen.

Die Grundlagen für unsere Beziehungsfähigkeit werden in unserer Kindheit gelegt. Im Kontakt mit unseren Eltern oder anderen nahen Bezugspersonen lernen wir, anderen Menschen zu vertrauen oder zu misstrauen. Wir erleben, wie andere Menschen zu uns stehen und mit uns umgehen, was sich auf unser Selbstwertgefühl auswirkt.

Über die Balance von Nähe und Distanz

In einer Partnerschaft geht es ganz grundsätzlich um eine gesunde Regulation von Nähe und Distanz. Weder das vollkommene Verschmelzen zu einer symbiotischen Einheit noch das Bestehen auf absoluter Unabhängigkeit und Freiheit führen langfristig zum Erfolg. Die Mischung macht vielmehr die Basis einer zufriedenen Partnerschaft aus. Das bedeutet auch, dass die Rollen zwischen aktivem und passivem Part wechseln, weil sich beide Partner gegenseitig inspirieren und motivieren, und nicht nur einer bestimmt, wo es langgeht. Wenn sich ein Partner immer nach dem anderen richtet und versucht, es ihm recht zu machen, gibt er nicht nur sich selbst und seine Bedürfnisse auf, er wird auch unattraktiv. Denn wie viel wert ist etwas, das man sowieso hinterhergetragen bekommt? Umgekehrt ist es vielleicht eine Zeit lang, aber keineswegs auf Dauer reizvoll, wenn man von seiner Partnerin oder seinem Partner nie das bekommt, was man sich eigentlich wünscht, oder ständig faule Kompromisse eingehen muss. In einer Beziehung geht es um Gleichgewicht und Balance. Keiner der Beteiligten sollte dem anderen in der Sonne, aber auch nicht in seinem Schatten stehen. Vielmehr ist es Erfolg versprechend, wenn sich beide genug Raum und Ausdruck ermöglichen, sie selbst bleiben und trotzdem ein Paar mit gemeinsamen Zielen und Wünschen sein können.

Wie im Tango, so im Leben

Eine Fallgeschichte über Nähe und Distanz im Tanz

Von Maja Günther

Nach meinem Soziologie-Studium leitete ich für über zehn Jahre eine argentinische Tangoschule und brachte vielen Paare diesen sehr emotionalen Paartanz bei. Das begann immer damit, dass Mann und Frau lernten, gemeinsam durch den Raum zu gehen. Die Aufgabe klingt einfach: Beide Partner stehen sich zunächst gegenüber, der Führende – meist der Mann – umfasst mit seinen Händen seitlich die Hüften der Geführten – meist die Frau –, während sie ihre Hände auf seine Schultern legt. Die Arme beider Partner sind in dieser Phase fast gestreckt, der Abstand ist also vorgegeben.

So weit die Theorie. Bei diesem Paar allerdings klappte überhaupt nichts davon in der Praxis. Schon das Sich-voreinander-Aufstellen war für beide eine schier unlösbare Herausforderung, für die es einige Anläufe brauchte. Mal stellten beide sich zu nah zusammen, mal zu weit auseinander. Auch standen sie sich nie direkt gegenüber, sondern irgendwie seitlich versetzt. Dadurch passte aber auch ihre Umarmung nicht zueinander. Mal hatte er seine Hände so weit auf ihrem Rücken, dass sich die Finger fast berührten und er mit seiner Hüfte an die ihre stieß, mal konnte sie nur seine Oberarme statt seine Schultern berühren. Das Problem: Sie beide waren so sehr damit beschäftigt, die richtige Nähe oder Distanz zueinander zu finden, dass das Miteinander-Gehen sie schlichtweg überforderte. Bei jedem Schritt stießen sie aneinander oder brachen auseinander. Was ich auch sagte, wie viel ich auch versuchte zu helfen, was ich auch vormachte und erklärte, ich kam einfach nicht an sie heran.

Nach nur der Hälfte der vorgesehenen Unterrichtszeit waren beide körperlich und emotional am Boden und ich musste die Stunde abbrechen. Nur mühsam ließen sie sich anschließend davon überzeugen, nochmals zu kommen, um frisch noch einmal einen zweiten Versuch zu starten. Ich war ebenfalls ganz schön erschöpft. Dabei hatte ich schon viele Paare und Gruppen unterrichtet, Anfänger und Fortgeschrittene, komplizierte und lethargische ebenso wie aufmerksame und (über-)motivierte Menschen. Doch keine meiner Methoden und Tipps schlug bei diesem Paar an.

Ich entschloss mich dazu, die beiden zu Beginn der nächsten Stunde über ihre Motivation für den gemeinsamen Tangokurs zu befragen. Beide willigten etwas zögernd ein, doch in dem Gespräch wurde schnell deutlich, dass sowohl Einstellung und Ziele von beiden völlig auseinanderliefen. Sie wollte durch den Tango ihrem Mann endlich auch körperlich wieder nah sein, er dagegen wollte nur ein wenig mehr Zeit mit ihr und ohne die zwei Kinder verbringen und machte den Tangokurs allein ihr zum Gefallen.

Hier, auf der emotionalen Ebene, lag also ihr Problem als Paar, was beim Tanzen lediglich sichtbar wurde. Denn der Tango setzt voraus, dass beide im ständigen Kontakt zueinander sind und sich vertrauen, dass sie Nähe zulassen und sich dennoch gegenseitig Raum geben. Sie wollten lernen, wieder mehr in Kontakt zueinander zu kommen. Nur waren Sie noch lange nicht dort angelangt. Daher erwies sich allein schon die Aufgabe, gemeinsam durch den Raum zu gehen, für beide als eine zu große Herausforderung. Sie hörten an dieser Stelle auf zu tanzen, doch begannen stattdessen eine Paartherapie und haben dort viele gemeinsame Interessen entdeckt, denen sie als Paar bis heute gemeinsam nachgehen.

4 Was der Liebe hilft

Auf den vergangenen Seiten hast du erfahren, wie eine Beziehung über Jahre zur Zufriedenheit beider Beteiligten erfolgreich geführt werden kann. Im folgenden Abschnitt fassen wir noch einmal die elf wichtigsten Elemente einer glücklichen Beziehung zusammen, die dir helfen, deine Partnerschaft auf ihre „Zukunftsfähigkeit" hin zu überprüfen und herauszufinden, an welchen Stellschrauben ihr noch drehen dürft. Ich stelle hierfür einige Fragen zur Verfügung, die dazu anregen, die eigene Partnerschaft, aber auch die eigene Beziehungsfähigkeit zu bewerten.

Akzeptanz

Wie wichtig ist gegenseitige Akzeptanz in einer Beziehung? Wir sind der Meinung: Sie kann gar nicht wichtig genug sein! Eine Beziehung mit der Idee anzufangen, die Partnerin oder den Partner verändern zu können, ist eine schwere Hypothek und stellt zugleich ein großes Risiko dar.

Jeder von uns glaubt von sich, so in Ordnung zu sein, wie er oder sie ist, ohne sich ändern zu müssen. Dieses Selbstwertgefühl ist uns angeboren, und es ist gut so. Wir brauchen es, um positiv und kraftvoll durchs Leben zu gehen. Spüren wir, dass uns der Mensch, der uns am nächsten ist, ändern will und so nicht liebt, wie wir sind, gehen wir ganz automatisch in den Widerstand. Warum? Wir wollen mit Haut und Haaren geliebt werden, nicht nur in Teilen.

Gewöhnlich ist es so, dass wir uns im Laufe der Beziehung eher erlauben, Schwächen zu zeigen, als Fehler aufzugeben. Es ist also besser, wenn wir Partnerinnen oder Partner wählen, die unsere wichtigsten Erwartungen und Bedürfnisse abdecken. Mit den Aspekten, die sie oder er nicht erfüllt, sollten wir uns vorstellen, leben zu können. Es darf kein absolutes Muss sein, dass sich unser Gegenüber ändert.

Nur wenn wir nicht gegenseitig aneinander ziehen und unsere Partnerin oder unseren Partner nach unseren Vorstellungen formen wollen, kommen Gefühle der Geborgenheit und Liebe auf. Wir akzeptieren, dass sie oder er andere Erfahrungen, Vorstellungen, Ansichten, Fähigkeiten, Wünsche als wir hat, und erlauben ihm oder ihr diese Andersartigkeit, ohne uns dadurch bedroht zu fühlen. Wir lassen Nähe zu, wenn wir uns akzeptiert und wichtig genommen fühlen. Für eine Partnerschaft ist es wichtig, dass sich beide Partner akzeptieren. Akzeptieren bedeutet, dass wir unsere Partnerin oder unseren Partner mit seinen oder ihren Stärken und Schwächen annehmen und ihm oder ihr mit folgender innerer Haltung begegnen: „Auch wenn mir ein bestimmtes Verhalten von dir nicht gefällt, bin ich bereit, es anzunehmen. Ich weiß, es gehört zu dir, und du hast ein Recht, so zu sein, wie du bist."

Sind die Akzeptanzprobleme sehr groß, kann eine Paartherapie sinnvoll sein.

Fragen an dich

- Was genau an deiner Partnerin oder deinem Partner gefällt dir nicht?
- Wie wichtig wäre dir dieses Verhalten, wenn du später einmal auf dem Sterbebett auf deine Partnerschaft zurückblicken würdest?

- Was würde sich ändern, wenn du deine Partnerin oder deinen Partner mit seinen oder ihren vermeintlichen Schwächen akzeptieren würdest?
- Wie wäre es, einmal für eine Woche deine Partnerin oder deinen Partner so zu akzeptieren, wie sie oder er ist – vor allem die Schwächen und Eigenheiten?

Übung

Befreunde dich neu mit deiner Partnerin oder deinem Partner

Neigst du dazu, deine Partnerin oder deinen Partner zu kritisieren und häufig zu nörgeln, weil du möchtest, dass sie oder er liebevoller zu dir ist und dich mehr so annimmt, wie du bist? Nimm dir zunächst etwas Zeit zum Innehalten und frage dich ehrlich, ob du wirklich zufrieden bist mit eurer momentanen Beziehungssituation. Ohne gegenseitige Wertschätzung, auch in den kleinen Dingen des Alltags, fühlt ihr beide euch ungeliebt und stellt irgendwann Beziehung als Ganzes in Frage. Um die gegenseitige Wertschätzung aufzubauen, beginne damit, deinen Partner anzunehmen, wie er ist. Stelle dir dazu sie oder ihn für einen Moment nicht als deine Partnerin oder deinen Partner vor, sondern „nur“ als eine Person, die du kennenlernst und mit der du eine Freundschaft beginnen würdest. Was würdest du an dieser Person schätzen, was fändest du verwunderlich und eigen, wodurch brächte sie dich zum Lachen? Zeichne so ein möglichst genaues Bild von deinem Gegenüber, ohne eure gegenwärtige Beziehungssituation mit einzubeziehen, und dann wechsle die Perspektive und betrachte dich selbst: Wodurch würdest du dich als Freundin oder Freund von diesem Menschen auszeichnen? Was würde er an dir gut finden, was würde ihn auf die Palme bringen und womit könntest du ihn amüsieren? Führe diese kurze Imaginationsübung regelmäßig durch, am besten, bevor du auf deine Partnerin oder deinen Partner triffst, beispielsweise kurz nach der Arbeit. Sie hilft dir, ein wertschätzendes Bild deines Gegenübers zu entwickeln und ihm zu signalisieren, dass du mit ihm leben möchtest – allen dazugehörigen Charaktereigenschaften.

Anerkennung

Fast alle Menschen sind auf der Suche nach Anerkennung und Bestätigung. Wir wollen von den uns wichtigen Menschen geachtet und gelobt werden. Dazu gehört meist auch die Person, mit der wir in einer Beziehung leben. Wir wollen von ihr hören, dass wir für sie der attraktivste, wertvollste und liebste Mensch sind.

Doch Menschen zeigen ihre Anerkennung auf unterschiedlichen Wegen, weshalb es zu Missverständnissen kommen kann. Unsere Partnerin oder unser Partner schätzt uns, teilt seine beziehungsweise ihre Anerkennung aber nicht mit – zumindest nicht so, dass wir es verstehen. Das hängt oftmals damit zusammen, dass wir uns selbst nicht für liebenswert und lobenswert halten und uns deshalb nicht vorstellen können, von unserem Gegenüber (oder auch von anderen Menschen in unserem Umfeld) positiv gesehen zu werden. Vielleicht geht unsere Partnerin oder unser Partner davon aus, dass wir wissen, wie wichtig sie oder er für uns ist. Oder tut sich generell schwer damit, andere zu loben.

In einer Partnerschaft sollten wir nicht mit Lob und Anerkennung sparen. Sie sind das Benzin, das uns antreibt, Gutes zu tun, unser Gegenüber zu verwöhnen und zu lieben.

Fragen an dich

- Wann hast du deiner Partnerin oder deinem Partner das letzte Mal ein Kompliment gemacht?
- Weiß deine Partnerin oder dein Partner, wie wichtig sie oder er für dich ist und was du an ihr oder ihm schätzt?
- Wie wäre es, wenn du ihm oder ihr heute eine kleine Liebesbotschaft schreibst – so als ob du dich neu in sie oder ihn verliebt hättest? Bemühe dich auch darum, die Liebesbotschaften deiner Partnerin oder deines Partners zu entschlüsseln.
- Durch welche Handlungen drückt sie oder er dir gegenüber Liebe aus?
- Was würdest du vermissen, wenn sie oder er nicht mehr da wäre?

Übung

Lobe deine Partnerin oder deinen Partner mindestens einmal pro Tag

Die Anleitung für die Übung ist einfach und Gelegenheiten für ein Lob werden sich mit Sicherheit jeden Tag finden (ohne dies solltest du dir ernste Gedanken über deine Partnerschaft machen!). Wichtig ist es, sich das Loben vorzunehmen und die Scheu davor abzulegen, du würdest es damit übertreiben. Du musst ja nicht gleich überschwänglich werden, wenn deine Partnerin oder dein Partner dir eine Gabel aus der Küche mitgebracht hat. Das würde sicher schnell komisch klingen und birgt die Gefahr, negativ aufgefasst zu werden. Eine gute Möglichkeit ist es, dein Lob mit einem Dank zu verbinden. „Danke, dass du daran gedacht hast, mir die Gabel mitzubringen“, wäre im Beispiel von eben ein kleines, aber wohltuendes Lob, das deiner Partnerin oder deinem Partner das gute Gefühl geben würde, dass du ihre oder seine Handlung und das An-dich-Denken anerkennst.

Freiräume

Sich Freiräume zu nehmen, ist ein entscheidender Faktor, um eine lang andauernde Beziehung nicht eintönig werden zu lassen. Denn so sammeln beide Partner unabhängig voneinander Erfahrungen, die sie wiederum interessant für den anderen werden lassen. In der Abwesenheit kann zudem ein Gefühl der Sehnsucht nacheinander entstehen, die Partner erleben ihre Unabhängigkeit, stärken ihr Selbstvertrauen und können sich bewusst ein weiteres Mal für das Zusammenleben entscheiden. Beide können Aktivitäten nachgehen, die dem anderen nicht liegen. So bekommt die Beziehung neue Impulse, die Partnerin oder der Partner bleibt spannend, bekommt umgekehrt aber die Bestätigung, auch allein zufrieden sein zu können und überlebensfähig zu sein. Wenn man allein etwas macht, lernt man, auf sich selbst zu hören, und kann sich eigene Wünsche erfüllen. Wir üben, uns selbst zu behaupten und unsere jeweilige Meinung zu vertreten. Natürlich ist das Gegenteil, alles allein zu machen, genauso wenig förderlich wie das permanente Zusammenglucken. Die richtige Mischung aus Nähe und Distanz macht eine gute und dauerhafte Beziehung aus.

Fragen an dich

- Wann hast du das letzte Mal etwas nur für dich oder allein getan?
- Wann hast du dich für deine Arbeit, auch deine Arbeit in der Partnerschaft, belohnt und dir nur für dich etwas gegönnt?
- Wie gerne bist du mit dir allein?
- Wie fühlst du dich, wenn du etwas allein entscheidest oder tust?
- Wie oft richtest du dich nach den Wünschen deiner Partnerin oder deines Partners?
- Hast du Wünsche, Träume oder Ziele, die sich nicht mit denen deiner Partnerin oder deines Partners vereinen lassen? Wie fühlt es sich an, diese zurückzustellen?
- Was würde geschehen, wenn du dich selbst verwirklichen würdest? Wie würde deine Partnerin oder dein Partner darauf reagieren – im ersten Moment, aber auch längerfristig?

Übung

Halte eine Rede auf dich

Stelle dir vor, du würdest in ein paar Jahren, beispielsweise aus Anlass eines runden Geburtstags, als eine vertraute oder angehörige Person von außen auf dein Leben zurückblicken und müsstest eine Rede auf dich schreiben: Was hättest du alles erreicht? Was würde dich auszeichnen? Was würdest du anderen Menschen gegeben haben? Gleiche diesen imaginären Rückblick nicht mit deiner jetzigen Situation und all ihren Belastungen oder Verpflichtungen von außen ab, sondern erträume dir ganz frei deinen Wunschzustand. Diese Übung hilft dir zu erkennen, was du wirklich brauchst, um im Leben glücklich zu sein – unabhängig von deiner Partnerschaft. Und dann frage dich, welche Rolle deine Partnerschaft dabei spielen kann und was sich in der aktuellen Situation ändern müsste, damit du diese Rede zusammen mit deiner Partnerin oder deinem Partner erleben kannst.

Gemeinsamkeiten

Gemeinsame Projekte stabilisieren die Beziehung auf mehreren Ebenen. Beide haben ein gemeinsames Ziel, um das sie sich bemühen oder kämpfen, für das sie sich gemeinsam engagieren und über das sie sich unterhalten können. Die Energien beider werden in eine Richtung gelenkt. Jeder gemeinsame Erfolg bestätigt die Partnerschaft. Erfolgreich bewältigte Krisen bestärken beide zudem, eine gute Wahl mit ihrer Partnerin oder ihrem Partner getroffen zu haben und sich auf sie oder ihn verlassen zu können.

Ja, auch eine Krise kann als gemeinsames Projekt angesehen werden, mit dem verbindenden Ziel, sie zu lösen. Zudem haben beide in jedem Projekt eine eigene Aufgabe und Rolle, möglicherweise eine andere als im Alltag. Das zeigt neue Facetten der Persönlichkeit. Und: Mit einem gemeinsamen Projekt werden beide auch nach außen stärker als Paar wahrgenommen und erhalten so die von außen wichtige Bestätigung für ihr Tun und für ihre Beziehung.

Müssen Paare deshalb alles gemeinsam machen? Natürlich nicht. Im Gegenteil, es ist eher ungünstig. Denn das Umfeld verhält sich einem Paar gegenüber anders als gegenüber einer Einzelperson. Getrennte Aktivitäten fördern auch die Attraktivität für die Partnerin oder den Partner, weil es am anderen immer wieder etwas Neues zu entdecken gibt. Die Beziehung bekommt neue Impulse, das Gegenüber bleibt spannend. Und dennoch braucht es die gemeinsame Ebene, das emotionale Miteinander-Schwingen ebenso wie das rationale gemeinsame Funktionieren.

Fragen an dich

- Welche Interessen teilst du mit deiner Partnerin oder deinem Partner?
- Welche gemeinsamen Ziele habt ihr im Leben.
- Was war und was ist euch beiden wichtig? Haben sich der Fokus und die Priorität eurer Ziele im Laufe der Beziehung verändert?

Übung

Blicke mit deiner Partnerin oder deinem Partner zurück auf eine gemeinsam überstandene Krise

Krisensituationen sind immer auch Veränderungssituationen, die Paaren die Chance geben, gemeinsam daran zu wachsen. Gerade in Krisensituationen kommt es darauf an, dass die Partnerschaft ein gemeinsames emotionales und rationales Fundament hat, dass sie stabil und resilient ist, um nicht ins Wanken zu geraten und daran zu zerbrechen. Eine hilfreiche Übung ist es, sich in einer Belastungssituation gemeinsam als Paar an vorangegangene Herausforderungen oder Probleme zu erinnern, die beide zusammen gelöst und überstanden haben. Fragt euch als Paar, wie es euch beiden in dieser Situation ergangen ist, welche Gefühle ihr damit verbunden habt. Was hat den Ausschlag für die Überwindung der Ausnahmesituation gegeben? Und wie hat es sich für euch beide angefühlt, die Krise gemeinsam überstanden zu haben? Nehmt euch Zeit, um euch auch von Details oder kleinen Empfindungen zu erzählen. So könnt ihr besser herausfinden, welche inneren Ressourcen euch als Paar geholfen haben. Auf diese Ressourcen könnt Ihr auch jetzt wieder zurückgreifen.

Attraktivität

Es gibt keine Garantie, dass die Anziehungskraft und Attraktivität nach den ersten Wochen, Monaten und Jahren zwischen zwei Menschen bestehen bleibt. Im Gegenteil: Die Wahrscheinlichkeit ist hoch, dass negative Erfahrungen mit unserer Partnerin oder unserem Partner oder pure Gewohnheit die Attraktivität mindern. Vielleicht verändert sich auch unser Gegenüber, unsere Bedürfnisse an die Partnerschaft ändern sich oder wir verändern unsere Vorstellungen von einer Partnerschaft an sich.

Um die gegenseitige Attraktivität zu stärken, ist es gut, wenn wir mit unserer Partnerin oder unserem Partner über unsere Vorstellungen und Wünsche im

Gespräch bleiben, ihn oder sie wiederholt in einer neuen Situation und Rolle erleben, gemeinsam neue Erfahrungen sammeln, aber ab und zu auch etwas allein unternehmen.

Fragen an dich

- Was genau hat dich beim ersten Zusammentreffen mit deiner Partnerin oder deinem Partner angezogen?
- Wie hat sich seine oder ihre Anziehungskraft im Laufe der Zeit für dich verändert?
- Gibt es bestimmte Verhaltensweisen, die dich auch heute noch „schwach machen", wenn deine Partnerin oder dein Partner sie zeigt?
- Weiß deine Partnerin oder dein Partner, wie er oder sie seine oder ihre Attraktivität für dich steigern kann?
- Wenn nicht, warum sprichst du nicht mit ihr oder ihm darüber?

Weisheitsgeschichte

Der 10-Euro-Schein

Attraktivität zu empfinden, beginnt bei sich selbst. Wenn wir überzeugt sind, wertvoll und liebenswert zu sein, dann kann nichts unseren Selbstwert schmälern und wir fühlen uns attraktiv – für uns selbst und unsere Partnerin oder unseren Partner. Davon handelt diese Weisheitsgeschichte.

Ein Seminarleiter hielt einen Zehn-Euro-Schein hoch und fragte die Teilnehmerinnen und Teilnehmer seines Workshops: „Wer möchte zehn Euro haben?“ Fast alle hoben die Hand. Er knüllte den Schein zu einer Kugel zusammen und fragte wieder: „Wer möchte immer noch die zehn Euro?“ Wieder meldeten sich fast alle. Nun ließ er den zusammengeknüllten Schein auf den Boden fallen und trat mit den Füßen ein paar Mal auf ihn. Der Schein wurde dadurch schmutzig und völlig zerknittert und riss an einigen Stellen schon auf. Der Seminarleiter hob das Stück Papier auf und fragte noch einmal: „Und wer will jetzt noch die zehn Euro?“ Und wieder meldeten sich fast alle Teilnehmerinnen und Teilnehmer. Schließlich hatte der Schein seinen Wert behalten, auch wenn er etwas unansehnlich geworden war.

Manchmal geht es uns wie diesem Zehn-Euro-Schein. Wir fühlen uns innerlich und äußerlich schmutzig und verknittert, im Spiegel sehen wir nur noch Makel und Risse. Aber, was auch immer geschieht: Wir verlieren nie unseren Wert als Mensch, genauso wenig wie ein schmutziger oder verknitterter Zehn-Euro-Schein. Solange wir nicht unseren Wert infrage stellen, solange behalten wir ihn! Der Geldschein behält seinen Wert, egal wie schmutzig oder verknittert er ist. In diesem Bewusstsein können wir auch unserer Partnerin oder unserem Partner begegnen. Denn wir sind liebenswert, wenn wir uns für liebenswert halten, wir sind schön, wenn wir uns für schön halten. Erkennen wir unsere Schönheit und Attraktivität, wird es uns auch leichter fallen, die unserer Partnerin oder unseres Partners zu erkennen.

Intimität und Sexualität

Ob und in wieweit empfundene Nähe, körperliche Berührung und Sex eine Beziehung stärken können, ist abhängig von den Bedürfnissen und Absprachen beider. Aus psychologischer Sicht steht jede Partnerschaft auf drei Säulen: emotionaler Nähe, Kommunikation und Sexualität – und jedes Paar mixt sich seinen eigenen „Cocktail" daraus. Auch wenn beide Partner keine starken sexuellen Bedürfnisse haben, kann die Partnerschaft trotzdem stabil sein. Schwierig wird es, wenn die jeweiligen Bedürfnisse ins Ungleichgewicht geraten, wenn eine oder einer der beiden mehr Berührungen verlangt oder öfter Sex haben möchte als die oder der andere.

Gerade deshalb ist es wichtig, zum einen die eigenen körperlichen Empfindungen zur Partnerin oder zum Partner immer wieder genau zu überprüfen. Schon kleine intime Handlungen wie der tägliche Abschiedskuss können hier ein Zeichen sein, ob etwas außer Balance geraten ist. Zum anderen, die eigenen Empfindungen mit denen der Partnerin und des Partners abzugleichen und sich mit ihr oder ihm darüber offen auszutauschen. Dabei ist es immer gut, von den eigenen Wünschen zu sprechen und Vorwürfe zu vermeiden. Auch wenn die richtigen Worte zu finden auf Anhieb danebengeht und ein offenes Gespräch abgebrochen werden muss, lohnt es sich dranzubleiben. Über die intimen Bedürfnisse zu sprechen, braucht Übung und Vertrauen, um die eigene Scham zu überwinden. Dabei hilft im Übrigen auch gemeinsames Lachen, wenn einem etwas zu peinlich ist, um „sachlich" benannt zu werden – allein ins Lächerliche dürfen keine Aussagen und Wünsche gezogen werden.

Fragen an dich

- Fühle ich mich wohl, wenn sie oder er mich berührt? Wenn nicht, warum nicht?
- Will ich ihr oder ihm nahe sein? Wenn ja, wie nahe?
- Habe ich wirklich Lust darauf, mit ihr oder ihm zu schlafen? Wenn nicht, kann ich mir dann eine andere Art von Sex vorstellen?
- An welchem Beispiel kann ich meiner Partnerin oder meinem Partner zeigen, dass ich mir etwas anderes wünsche? Wie kann ich sie oder ihn für meinen Wunsch begeistern oder erregen?

Übung

Aktives Zuhören

Nimm dir beim nächsten Gespräch mit deiner Partnerin oder deinem Partner vor, nicht gleich auf eine Äußerung zu antworten oder von einer eigenen Erfahrung zu erzählen, sondern lass dein Gegenüber eine Weile sprechen, ohne den Redefluss zu unterbrechen. Wenn dann ein Sachverhalt oder eine Geschichte zu Ende erzählt ist, fasse das Gesagte in deinen eigenen Worten zusammen und beginne mit den folgenden Worten: „Habe ich dich richtig verstanden? Du …“ Versuche dabei, nichts zu bewerten oder zu interpretieren. Nimm ernst, was der andere sagt, selbst wenn es dir nicht gefällt. Nachdem du den Inhalt in deinen Worten wiederholt hast, warte ab, wie der andere reagiert, und achte darauf, in welche Richtung sich euer Gespräch entwickelt. Folge dieser Richtung, ohne sie beeinflussen zu wollen. So wirst du herausfinden, was deine Partnerin oder deinen Partner wirklich bewegt und welche Bedürfnisse sie oder er hat.

Humor

Humor und Lachen sind tragende Säulen einer jeden langen und guten Beziehung. Darin stimmen nicht nur nahezu alle Menschen überein, die in einer langen Beziehung leben oder gelebt haben. Es gibt auch eine ebenso einfache wie einleuchtende psychologische Begründung dafür: Gemeinsame positive Erfahrungen stärken das Zusammengehörigkeitsgefühl und den Wunsch, Zeit miteinander zu verbringen. Gemeinsames Lachen entspannt und hilft, Konflikte zu entschärfen.

Fragen an dich

- Worüber kann ich mich eigentlich amüsieren? Was bringt mich wirklich dazu zu lachen?
- Wann habe ich das letzte Mal aus ganzem Herzen gelacht, sodass mir am Ende der Bauch wehgetan hat?
- Wann habe ich das letzte Mal zusammen mit meiner Partnerin oder meinem Partner gelacht?
- Unterscheidet sich der Humor meiner Partnerin oder meines Partners von meinem?

- Habe ich schon einmal versucht, über ihre oder seine Witze zu lachen?

Übung

Lacht zusammen

Die folgende Übung bezieht sich auf deinen Körper. Vielleicht mag das für dich ein wenig überraschend klingen – wo du doch deine Paarbeziehung und nicht deinen Körper positiv beeinflussen willst. Aber Körper und Seele sind ein eingespieltes Team und so kannst du über deine Körperhaltung auch deine Stimmung positiv beeinflussen. Das gelingt euch auch als Paar, denn in der Übung liegt ein Ansteckungspotenzial. Das Prinzip kennst du: Wenn andere gähnen, dann fühlst auch du, wie die meisten Menschen, den Impuls zu gähnen und dabei kommt tatsächlich Müdigkeit auf. Und du hast sicher auch schon einmal erlebt, wie dich das Lachen eines anderen Menschen anstecken kann. Aber du kennst wahrscheinlich ebenso den umgekehrten Zusammenhang. Daher lache!

Und schaffe dir, wann immer du einen Moment Zeit hast, den Anlass dazu. Du kannst damit beginnen, vor dem Spiegel Grimassen zu schneiden oder du schaust dir eine Komödie oder y-Sketche an, liest ein lustiges Buch oder setzt dich einfach auf eine öffentliche Parkbank und beobachtest die Menschen – du wirst genug Gelegenheiten finden, um deine Lachmuskeln zu trainieren. Viel schneller geht das übrigens, wenn du deine Partnerin oder deinen Partner auch dazu anstiften kannst, zusammen mit dir das Lach-Training zu machen. So schenkt ihr euch ganz intime Momente voller Nähe und Lebensfreude.

Kommunikation

Kommunikation ist eine essenziell wichtige Säule in der Partnerschaft. Umso wichtiger ist es gerade in Auseinandersetzungen, ein paar Regeln der Wertschätzung zu beachten, denn wie heißt es so schön: „Der Ton macht die Musik“. Unsere Kommunikation birgt die Gefahr für viele Missverständnisse. Wir können nur steuern, was und wie wir es sagen. Unser Partner entscheidet dann, welche Worte er hört UND wie er sie interpretiert. Häufig hört unsere Partnerin oder unser Partner etwas völlig anderes als das, was wir ihr oder ihm mitteilen wollen. Natürlich gilt das auch in die andere Richtung: nämlich dass wir die Botschaft unseres Gegenübers falsch interpretieren.

Für eine wertschätzende und erfolgreiche Kommunikation in unserer Partnerschaft ist es wichtig, dass wir der oder dem anderen unsere Wünsche und Gedanken mitteilen. Sie oder er kann unsere Gedanken nicht lesen, auch wenn wir uns schon lange kennen. Wenn unsere Partnerin oder unser Partner uns etwas sagt, dann können wir ruhig nachfragen, wie es gemeint ist, und vielleicht auch nach einer genauen Erklärung oder einem Beispiel fragen. Vor allem sollten beide immer in der Ich-Form miteinander sprechen, sodass beide die Verantwortung für ihr Denken, ihre Gefühle und ihr Verhalten übernehmen, anstatt dem anderen in der Du-Form Vorwürfe zu machen.

Argumentiere also immer auf konkrete Situationen bezogen, sodass der andere etwas mit deinen Aussagen anfangen kann, anstatt Sätze wie: „Immer machst du …“, „Nie tust du …“ und so weiter zu verwenden. Außerdem wichtig:

- den anderen ausreden zu lassen,
- ehrliches Interesse an seiner Person und Achtung,
- Grenzen setzen, wo du nicht einverstanden oder überfordert bist,
- klare Wünsche äußern,
- Kompromisse anbieten,
- Schwächen und Fehler zugeben und sich entschuldigen.

Fragen an dich

- Hast du häufig den Eindruck, dass deine Partnerin oder dein Partner dich nicht richtig versteht?
- Erwartest du oft, dass deine Partnerin oder dein Partner dich ohne Worte versteht und deine Wünsche kennt?
- Äußerst du deine Wünsche häufig indirekt, indem du etwa sagst: „Was hältst du eigentlich von …“, anstatt zu sagen: „Ich möchte dies oder jenes tun“?
- Überlege, was geschehen könnte, wenn du häufi-

ger offen und deutlich deine Wünsche formulierst: Was könntest du verlieren und was gewinnen?

Übung

Die wöchentliche Beziehungs-Wunschliste

Diese einfache Übung ist für jede Beziehung wertvoll. Sie verbessert die Kommunikation zwischen den Partnern und stärkt die Verbindung. Plane zusammen mit deiner Partnerin oder deinem Partner jede Woche zu einem festen Termin, etwa Sonntagabend eine halbe Stunde ein, in der euch nichts unterbrechen kann und darf und die ihr allein dafür verwendet, über eure neuesten Erfahrungen und Erlebnisse, eure Ideen und Träume sowie kleinen und großen Wünsche in eurer Beziehung zu sprechen. Was habt ihr erlebt? Was wünscht ihr euch von der Beziehung?
Erzählt euch davon gegenseitig. Wichtig ist, dass ihr euch dabei zuhört und euch auf keinen Fall unterbrecht. Notiert euch am Ende Stichpunkte in eine Liste. Diese Liste ist ausdrück-

lich keine To-do-Liste, die im Laufe der nächsten Tage Punkt für Punkt abgearbeitet werden muss. Vielmehr ist sie ein Anlass, um offen und ehrlich miteinander zu sprechen und etwas von sich und seinen Bedürfnissen preiszugeben, ohne zu befürchten, verurteilt zu werden oder eine emotionale Überreaktion zu bewirken. Der Effekt ist, dass ihr in der folgenden Woche, auch ohne konkrete Aufgaben, sensibler für eure Partnerin oder euren Partner werdet.

Konflikte

Eine gute Beziehung lebt vom ständigen Austausch von Wünschen. Paare, die 25 und mehr Jahre zusammenleben, nennen die Fähigkeit, gemeinsam Probleme zu lösen, als wichtigsten Faktor für ihre Zufriedenheit. Beide Partner sind sich einig: Liebe hat nichts damit zu tun, dass die Partnerin oder der Partner die Erwartungen immer und überall erfüllt. Vorwürfe, Beschimpfungen, Trotz, Rückzug und Racheakte sind langfristig keine geeigneten Strategien für eine erfolgreiche Partnerschaft. Wenn man sich dauernd über die Partnerin oder den Partner ärgert, stirbt die Liebe und die Beziehung ist am Ende.

Um einen Konflikt auszutragen, braucht es Mut, die eigenen Wünsche zu äußern, und die Bereitschaft, die Unterschiedlichkeit der Partnerin oder des Partners zu akzeptieren. Dazu benötigen wir die Fähigkeit, konstruktiv zu streiten, das heißt die eigene Meinung zu äußern, ohne den anderen zu missachten oder kleinzumachen. Hierfür ist es wichtig, die eigene Unzufriedenheit möglichst früh zu bemerken und anzusprechen.

Fragen an dich

- Was genau tue ich, wenn mich etwas an meiner Partnerin oder meinem Partner beziehungsweise ihrem oder seinem Verhalten stört?
- Ärgere ich mich im Stillen? Platzt meine Wut aus mir heraus?
- Warte ich, bis ich ruhiger bin, und spreche dann den Konflikt an?
- Schlucke ich meinen Ärger hinunter? Resigniere ich?

- Habe ich Angst vor dem Konflikt, vor der Reaktion meines Gegenübers oder vor Ablehnung?
- Wie wurde in meinem Elternaus mit Konflikten umgegangen?
- Sehe ich die Möglichkeit einer Versöhnung nach einem Konflikt?

Übung

Das Bild der Beziehung

Um eine Lösung in Beziehungskonflikten zu bekommen, ist es wichtig einen inneren Abstand zum (vermeintlichen) Konflikt selbst mit seinen Auslösern, mit allen Kränkungen, Enttäuschungen und Vorwürfen herzustellen. Wenn beide eine streitfreie Ebene finden, auf sie zusammen Rückschau halten können, wie sich ihre Beziehung bis zu diesem Punkt entwickelt hat, dann können sie leichter eine gemeinsame Lösung finden. Eine sehr einfache und hilfreichc Übung ist es, gemeinsam ein Bild zu zeichnen – einfach mit ein paar Buntstiften auf Papier – und dabei die Beziehung als einen

Weg oder einen Fluss darzustellen. Wie sieht die Quelle aus? War sie ein tosender Wasserfall oder nur ein kleines Rinnsal? Wohin hat sich der erste kleine Bach geschlängelt? Durch welche Einflüsse ist er zu einem breiteren Fluss geworden? Wann floss der Fluss schneller, wodurch wurde er reißender, wann kamen Stromschnellen dazu, wo lagen sie? Wann wurde der Fluss zu einem ruhigen Strom? Hat er sich geteilt?
Indem du mit deiner Partnerin oder deinem Partner all das aufzeichnest, erinnert ihr euch durch Visualisierung an die prägenden Ereignisse eurer Partnerschaft, für euch beide, aber auch für eine oder einen von euch. Das ist erhellend für beide und offenbart nicht selten die weiter zurückliegenden Gründe für den Konflikt. Und ihr findet Bilder, die euch vielleicht gemeinsam zum Schmunzeln bringen und so vom Druck des momentanen Konflikts befreien. In jedem Fall werdet ihr gemeinsam ein kleines Kunstwerk schaffen und euch so gegenseitig ein erstes Versöhnungsgeschenk machen.

Versöhnung

Ab und zu mal einen Konflikt – das gehört zu einer guten Partnerschaft dazu. Selbst wenn wir unsere Partnerin oder unseren Partner sehr lieben, gibt es Missverständnisse oder die Bedürfnisse gehen auseinander. Nicht immer erwischen wir im Gespräch dann die richtigen Worte und den richtigen Ton. Das ist nicht tragisch. Eine gute Beziehung hält das aus. Wichtig ist, dass wir danach wieder Frieden schließen und uns versöhnen können. Wenn wir die oder den anderen tagelang mit Schweigen bestrafen, dann machen wir uns beiden das Leben schwer. Wenn beide gut drauf sind, dann können wir den Konflikt vielleicht mit Humor beilegen. Manchmal genügt es bei kleinen Reibereien, wenn wir uns für kurze Zeit aus dem Weg gehen, bis sich jeder wieder beruhigt hat. Manchmal erfordert die Auseinandersetzung aber auch, dass wir ganz bewusst wieder aufeinander zugehen. Diese Tipps helfen dabei, sich nach einem Streit wieder zu versöhnen:

- Entspanne dich bewusst. Wenn wir uns angegriffen, missverstanden oder ungerecht behandelt fühlen, dann gerät unser Körper in einen Alarmzustand. In diesem Zustand sehen wir nur uns und tun uns schwer, uns in unseren Partner hineinzuversetzen und gelassen zu reagieren. Geist und Körper sind im Kampf- oder Verteidigungsmodus. Für ein versöhnliches Gespräch ist dieser Modus ungeeignet. Deshalb ist es wichtig, uns erst einmal wieder „auf den Teppich zu bringen."

- Entscheide dich für deine Partnerschaft, nicht für dein Recht. Häufig gibt es eine Stimme in uns, die uns einredet, dass es unbedingt wichtig sei, unserem Gegenüber zu zeigen und zu beweisen, dass wir Recht haben. Schlimmer noch, sie drängt darauf, dass die oder der andere uns gegenüber zugeben muss, dass wir im Recht sind und sich bei uns entschuldigen muss. Doch das befriedigende Gefühl, Recht zu haben, hält meistens nur kurz an und verblasst gegen den emotionalen Scherbenhaufen, den deine Rechthaberei verursachen kann. Um einen Schritt auf deine Partnerin oder deinen Partner zugehen zu können, musst du immer erst deinen Standpunkt verlassen.

- Gehe aktiv auf deine Partnerin oder deinen Partner zu. Nach einem Streit kommt es manchmal zum Stillstand in der Kommunikation. Es herrscht Sendepause. Beide belauern sich und warten darauf, dass der andere den Anfang macht und wieder auf einen zukommt, oder sie haben Angst, etwas falsch und damit noch mehr kaputt zu machen. Doch diese Angst ist meist unbegründet. Beginne wieder mit ihr oder ihm zu kommunizieren, zu reden, berührt einander. Nur verstrickt euch nicht erneut in Diskussionen. Verzichtet am besten auf alle Erklärungen, Begründungen, Vorwürfe und Verteidigungen, sonst besteht die Gefahr, dass eine neue Streitrunde eingeläutet wird.

- Gehe auf die Bedürfnisse deiner Partnerin oder deines Partners ein: Bebötigt sie oder er Zeit, dann gewähre sie. Wir brauchen unterschiedlich lange, bis wir bereit sind, nach einem Streit die Tür wieder für unser Gegenüber zu öffnen. Für viele Menschen ist der Rückzug erst mal die einzige Möglichkeit, auf einen Disput zu reagieren. Dränge nicht, auch wenn es dir lieber wäre, dein Gegenüber wäre auch schon so weit wie du, um zur Tagesordnung zurückzukehren. Braucht deine Partnerin oder dein Partner eine Bestätigung deiner Liebe und Zuneigung, dann schenke auch diese. Und selbst einen Fehler zuzugeben, wird dich nicht zu einem fehlerhaften Menschen machen, sondern höchstens zeigen, dass du dich in einer konkreten Situation nicht ganz förderlich für die Partnerschaft verhalten hast.

Übung

Feiert eure Versöhnung

Erinnere dich daran, dass es für eine Partnerschaft wichtig ist, auf eine negative Erfahrung fünf positive Erfahrungen folgen zu lassen. Daher: Feiere die Versöhnung mit deiner Partnerin oder deinem Partner wie ein Fest, koche etwas Schönes oder gehe mit deiner Liebsten oder deinem Liebsten aus. So sammelt ihr beide wieder wertvolle und positive gemeinsame Erlebnisse und Erfahrungen, die euch resilienter machen und vor der nächsten Auseinandersetzung stärken.

Kompromisse

Idealerweise sollte es jedem der Partner möglich sein, sich zu entfalten und die eigenen Lebensvorstellungen zu verwirklichen. Da beide jedoch nicht zu jedem Zeitpunkt die gleichen oder in manchen Bereichen generell unterschiedliche Vorstellungen haben, sind Meinungsverschiedenheiten und Auseinandersetzungen unvermeidlich. Ordnung, Umgang mit dem Geld, Geselligkeit, Fernsehprogramm, Bedürfnis nach Zärtlichkeit und Anerkennung, Bedürfnis nach Aussprache, Erziehungsprinzipien sind Punkte, an denen sich die Haltungen häufig unterscheiden und die eine Beziehung belasten können. In einer erfolgreichen Beziehung lenken beide Partner ihren Blick nicht nur darauf, was ihnen fehlt und wo die Partnerin oder der Partner sich ändern sollte. Sie bemühen sich täglich neu darum, Positives am anderen zu entdecken. Jeder ist zu Kompromissen und Entgegenkommen bereit.

Fragen an dich

Das beste Beispiel für Kompromisse kannst du alljährlich bei den Tarifverhandlungen beobachten. Beide Parteien starten mit Höchstforderungen und treffen sich dann irgendwo auf dem Weg zwischen den verschiedenen Positionen. Wie geht ihr in der Partnerschaft mit einem Konflikt um?

- Startet ihr auch mit Höchstforderungen?
- Neigt eine oder einer von euch beiden dazu, eher nachzugeben oder seine Forderung ganz zurückzuziehen?
- Ist eine oder einer von euch beiden nach dem Kompromiss unzufrieden mit der Situation und lässt es den anderen spüren?
- Versucht eine oder einer von euch beiden, auch nach dem Kompromiss doch noch seine ursprünglichen Forderungen zu verwirklichen?

Impuls

Die Korsika-Lösung

Wer einen Kompromiss erreichen möchte, sollte unter keinen Umständen gleich einen solchen anbieten. Das klingt im ersten Augenblick unlogisch, macht jedoch durchaus Sinn. Denn das Ziel ist der Kompromiss, und der Weg dorthin muss darin liegen, deine Partnerin oder deinen Partner erst einmal wissen zu lassen, was deine persönliche Idealvorstellung wäre.
Ein Beispiel: Ein Paar möchte gemeinsam in Urlaub fahren. Sie liebt das Meer, er die Berge, das weiß sie. Normalerweise würde sie einen Vorschlag machen, der irgendwo dazwischen liegt, der Bodensee zum Beispiel, ein paar große Hügel in der Nähe und Wasser. Wenn sie ihm nun diesen Vorschlag präsentiert, denkt er, das sei ihr Wunsch. Also versucht er, einen Kompromiss daraus zu machen und „mehr Berge" für sich rauszuholen, da er gar nicht versteht, dass sie schon auf ihn zugekommen ist. Wenn sie aber sagt: „Ich möchte ans Mittelmeer fahren" und er

sagt: „Ich möchte hohe Berge besteigen“, wissen beide, woher sie kommen und können potenzielle Kompromisse des anderen auch als solche wahrnehmen und wertschätzen.
Man könnte sich einigen, dass man eine Woche in die Berge fährt und eine Woche ans Meer, oder man fährt nicht gemeinsam in den Urlaub. Oder man findet die Korsika-Lösung! Korsika ist eine wunderschöne Insel im Mittelmeer, mit tollen Stränden. Nicht einmal zwei Kilometer von diesen Stränden entfernt türmen sich fast 3000 Meter hohe Berge auf. In diesem Fall der perfekte Kompromiss für das Paar mit den so unterschiedlichen Urlaubswünschen.
Die Korsika-Lösung lässt sich nicht nur auf den Urlaub, sondern auf jede Herausforderung innerhalb einer Beziehung anwenden – solange niemand für den anderen „mitdenkt“ und bereits mit dem Kompromissvorschlag in die Verhandlung einsteigt.

Positive Bilanz

Wie schaffen wir es, zu einer positiven Bilanz in der Partnerschaft zu kommen? Wir sollten unsere Wünsche frühzeitig äußern und unsere Enttäuschung nicht erst Monate mit uns herumtragen. Am besten beginnen wir zu einem ruhigen Zeitpunkt unser Gespräch, in dem wir sagen, was uns an der Beziehung gefällt und guttut: „Mir gefällt, dass du …“, „Gern mache ich mit dir …“ und so weiter. Dann gehen wir dazu über, unsere Wünsche möglichst konkret zu äußern: „Mir fehlt noch ein wenig mehr …“, „Ich würde so gern mit dir …“ oder „Mir ist so wichtig, dass wir … tun.“

Die Anforderungen des Alltags führen dazu, dass wenig Zeit bleibt, sich in die Partnerin oder den Partner hineinzuversetzen. Wir sollten nicht vergessen, uns zu bedanken, wenn der andere uns einen Wunsch erfüllt. Es ist für ihn oder sie wichtig zu erfahren, dass der gute Wille angekommen ist. Außerdem wird er oder sie dann noch mehr darin bestärkt, etwas für uns zu tun. Ausschlaggebend ist nicht, dass unser Gegenüber uns den Wunsch von den Augen abliest, sondern dass es ihn erfüllt.

Missachtet die Partnerin oder der Partner unsere Wünsche wiederholt, dürfen wir uns überlegen, wie wichtig uns unsere Wünsche sind. Lohnt es, sich dafür in Anspannung zu versetzen und Streit mit der Partnerin oder dem Partner zu haben? Wenn ja, wenn unser Bedürfnis für uns absolut wichtig ist, sollten wir zur Tat schreiten. Wir sollten der Partnerin oder dem Partner ankündigen, dass wir ab sofort auch einen seiner beziehungsweise ihrer Wünsche (konkret formulieren) nicht mehr erfüllen werden. Wir können anschließend weiterhin liebevoll zu ihm oder ihr sein, denn wir haben uns aus der Opferrolle und dem Warten geholt und für uns das Gleichgewicht zwischen Geben und Nehmen wiederhergestellt. Dieses Vorgehen mag zwar an das Wort „Auge um Auge, Zahn und Zahn“ erinnern. Doch es ist legitim, wenn wir zuvor über Gespräche unseren Wunsch nicht deutlich machen konnten.

Füreinander sichtbar werden

Wenn es uns gelingt, uns konsequent so zu verhalten, dass wir die Unterschiedlichkeit zu unserer Partnerin oder unserem Partner akzeptieren und kompromissbereit sind, werden wir füreinander sichtbarer. Wir lernen uns gegenseitig mit unseren unterschiedlichen Bedürfnissen besser kennen, und dann sind sie keine Hürde für die Partnerschaft mehr. Wir haben viel mehr Möglichkeiten, auf das zu schauen, was unsere Partnerin oder unser Partner aus Liebe für uns tut, und fühlen uns ihr oder ihm näher. Diese Haltung hilft uns nicht nur in unserer Liebesbeziehung, sondern auch in jeder anderen Beziehung. Wir lernen ein harmonisches und wertschätzendes Miteinander.

Ich wünsche dir viel Freude beim Ausprobieren. Lass dich nicht entmutigen, wenn du in dein altes Muster zurückfällst. Wir machen beim Lernen häufiger einen Schritt vor und einen zurück! Genieße deine Beziehung. Du hast sie dir bis zu diesem Moment aufgebaut und hast es verdient, dass es sich leicht und gut anfühlt.

Schlusswort – Ende und Anfang

von Maja Günther

Wenn wir erst einmal die Traumpartnerin oder den Traumpartner gefunden haben, dann – so glauben wir – läuft der Rest wie von selbst. Nichts ist jedoch weiter entfernt von der Wahrheit als diese Überzeugung. Zum einen gibt es nicht die eine richtige Person, mit der wir glücklich bis zum Ende unserer Tage zusammenleben können, ohne Konflikte, Herausforderungen oder Probleme. Zum anderen tragen wir selbst einen großen Teil zum Gelingen oder Misslingen unserer Partnerschaft bei – und zwar mit unseren Erwartungen und Einstellungen zur Partnerschaft.

Haben glückliche Paare ein Erfolgsrezept? Eindeutig: ja. Sie lieben nicht nur den anderen mit all seinen Schwächen und Fehlern, sondern schätzen auch sich selbst und ihre eigenen Bedürfnisse sehr, ohne das Gegenüber je zu übergehen.

Und das ist das ganze Geheimnis: Eine erfüllte Partnerschaft ist das Ergebnis einer gesunden Balance zwischen Geben und Nehmen, Nähe und Distanz, Freiheit und Gemeinsamkeit, Liebe und Selbstliebe und der Fähigkeit, sich und die Partnerin oder den Partner nicht immer so fürchterlich ernst zu nehmen.

So wünsche ich dir, dass spätestens das Ende dieses Buches für dich den Anfang macht, auf deinem Weg zu einer erfüllten Partnerschaft.

Deine

Maja Günther

Anhang

1 https://yougov.de/news/2015/12/25/was-sich-die-menschen-vom-leben-wunschen-liebe-im-/, abgerufen am 02.11.2021. Interessanterweise scheinen sich besonders die Skandinavier nach Liebe zu sehnen: In der Befragung gaben Dänen, Schweden und Finnen am häufigsten Liebe als höchstes Ziel im Leben an – im Gegensatz zu Saudi-Arabien und Thailand, wo Liebe auf dem letzten und Geld auf dem ersten Platz landete.

2 https://www.scheidung.org/scheidungsstatistik/, abgerufen am 02.11.2021

3 https://www.freenet.de/lifestyle/liebe-und-partnerschaft/treue-ist-wichtig-diese-tiere-leben-monogamie-vor_4229642_4743240.html, 02.11.2021

4 https://www.welt.de/print/wams/wissen/article157880674/Die-Erfindung-der-Monogamie.html, abgerufen am 02.11.2021

5 https://www.science.org/doi/10.1126/sciadv.abd0310, zitiert in: https://www.stern.de/digital/technik/ende-eines-patriarchalen-mythos---frauen-waren-in-der-steinzeit-jaegerinnen-9516676.html, abgerufen am 02.11.2021

6 https://www.sueddeutsche.de/wissen/archaeologie-partnersuche-in-der-steinzeit-traege-maenner-mobile-frauen-1.3652214, abgerufen am 01.11.2021

7 Der Schlagersänger Matthias Reim vermutete in einem Interview mit dem NDR, dass 80 Prozent aller Lieder von der Liebe handeln: „Ich habe noch nie einen Song (...) über eine Steuererklärung oder einen Motorschaden oder eine kaputte Spülmaschine (gehört), (...) weil es keinen interessiert." https://www.fan-lexikon.de/musik/news/matthias-reim-80-prozent-aller-songs-handeln-von-liebe.236177.html, abgerufen am 04.12.2021

8 https://www.desired.de/liebe/beziehung/ueberraschende-studie-hier-lernen-sich-paare-am-haeufigsten-kennen/, abgerufen am 05.12.2021

9 https://www.spiegel.de/partnerschaft/liebesdrogen-a-00000000-0003-0001-0000-000000489749, abgerufen am 06.12.2021

10 https://www.rnd.de/liebe-und-partnerschaft/paartherapeutin-im-interview-warum-beziehungen-zerbrechen-und-was-wir-dagegen-tun-konnen-4UT33XIDDZFKDJWHP27KEFFJIE.html, abgerufen am 06.12.2021

11 https://psycnet.apa.org/doiLandng?doi=10.1037%2Fdev0000897, abgerufen am 07.12.2021

12 https://www.dw.com/de/partnerschaft-die-l%C3%A4nge-einer-beziehung-l%C3%A4sst-sich-voraussagen/a-53407972, abgerufen am 07.12.2021

13 https://lemonswan.de/ratgeber/partnersuche/phasen-einer-beziehung/, abgerufen am 07.12.2021

14 http://www.diefuenfsprachenderliebe.de/5_Sprachen_der_Liebe/Willkommen.html

Weitere Bücher, Kalender und Produkte von Doris Wolf und Maja Günther

Maja Günther/Andrea Sterr
Durch die Krise begleiten
ISBN 978-3-923614-72-1

Doris Wolf/Maja Günther
Das Lebensfreude-Training
ISBN 978-3-910253-07-0

Maja Günther
Das Lebensfreude-Kartenset
Box mit 36 Karten und
16-seitigem Begleitheft
ISBN 978-3-923614-82-0

Maja Günther/Doris Wolf
Lebensfreude jetzt!
Tischaufstellkalender mit
52 Kalenderblättern
ISBN 978-3-923614-82-0

Die Produkte des PAL Verlags sind im Buchhandel erhältlich oder in unserem PAL-Onlineshop:
www.shop.palverlag.de